예술가의 예술
그리고 치유

※일러두기

1. 이 책에 사용된 큰 따옴표(“ ”)는 인터뷰 자료나 참고문헌에서 직접 인용한 것이다.

2. 인터뷰 자료는 최대한 원자료(raw data)를 제시함으로써 예술가 개개인의 특성을 살리고자 하였다.

시 작 하 며

이 책은 '예술이 어떻게 치유적으로 작용하는 것일까'라는 질문에 예술가들의 구체적인 이야기로써 답을 찾아간다.

이 작업의 시작은 2009년으로 거슬러 올라간다. 나는 사진 작업을 하는 예술가로서 2009년부터 많은 예술가들과 자신이 겪어온 구체적인 삶의 경험, 그리고 삶의 지혜나 통찰 등을 즐겁게 공유해왔다. 그리고 5년 전, 예술가들이 예술작업을 하는 개인적인 이유와 의미가 궁금해서 예술가들을 연구하기 시작했다. 그리고 어느 순간, 예술가들이 예술작업을 하는 과정에는 '자기표현'과 '자기인식'이라는 두 가지 흐름이 꼬리에 꼬리를 물고 순환적으로 이어지고 있으며, 예술작업을 지속하는 오랜 시간 동안 '치유적 변화'를 점진적으로 경험한다는 것을 발견하게 된다.

이 책에 나오는 예술가들은 예술작업을 통해 치유를 경험하고 있지만 이들이 자신의 치유를 위해 예술작업을 시작한 것은 아니며, 치유라는 하나의 요소가 이들이 하고 있는 예술의 모든 면을 설명할 순 없다. 하지만 이 책은 상담심리학의 관점에서 예술가의 예술작업이라는 과정을 살펴봄으로써 예술의 치유적 맥락을 드러내고자 한다.

이 책에 나오는 예술가들은 “자기 자신의 이야기”를 기반으로 최소 ‘10년 이상’ 꾸준히 예술작업을 이어온 사람들이다. 여기서 10년이라는 시간을 강조하는 이유는, 예술대학을 졸업한 뒤에 경제적인 이유나 육아 등 개인적인 사정에도 불구하고 예술작업을 계속해서 이어나가는 것이 현실적으로 매우 어렵기 때문이다. 또한 이 책에 나오는 예술가들의 삶의 내밀한 이야기는 “예술가의 비밀”로, 예술작품과 함께 이러한 이야기를 듣는다는 것은 굉장히 어렵고도 소중한 것이다.

나는 이 책에 참여한 예술가들이 대중서적에 자신의 삶의 이야기와 작품을 공개하겠다고 한 선택이, 결코 가볍지 않음을 특별히 강조하고 싶다. 자신의 삶의 이야기가 공개되었을 때, 독자는 예술가와 예술작품을 바라보는 하나의 틀이 생길 수 있고, 이러한 틀은 예술가와 예술작품의 의미를 단순하게 고정시키는 하나의 ‘낙인’이 될 수 있기 때문이다. 이러한 리스크에도 불구하고, 이 책에 참여한 대부분의 예술가들은 진솔하면서도 절절하게 진행한 작업 과정과, 그 속에서 발견한 자신의 심리적인 통찰을 “공개하겠다”는 결심을 하였다.

하지만 나는 독자들이 예술가들이 겪은 삶의 스토리에 압도되어, 이들을 ‘상처 입은 예술가’로만 바라볼 수 있다는 우려의 마음이 있다. 그래서 책의 내용을 시작하기에 앞서 이들을 바라보는 나의 입장을 명확히 하고자 한다. 이들은 자신의 삶 속에서 의도치 않게 큰 상처를 받았지만, 자신의 상처를 피하지 않고 직면했으며, 계속해서 자기 자신을 탐색해나가는 과정을 겪어낸 '용감한 전사'들이다. 자신의 심리적 상처를 다루어본 사람이라면 용감한 전사라는 표현에 동의할 수 있을 것이다.

삶이라는 고정되지 않는 신비 속에서, 저자와 함께하는 흐름을 믿고, 자신의 "피와 땀이 섞인" "소중한" 작품과 삶의 이야기를 진솔하게 내던져준 서태경과 오원주 그리고 조세미와 서보형, 김현묵에게 경의와 감사의 말을 전한다. 이들의 이야기가 누군가에게는 위로 또는 힘이 될 수 있기를 바라며, 이 책이 예술가와 예술 그리고 인간의 상처와 그것을 치유하는 내면의 힘을 느껴볼 수 있는 하나의 씨앗이 되기를 소망한다.

c o n t e n t s

Ⅲ 치유 : 삶으로 들어온 예술

Ⅳ 예술의 치유적 가치

예술가의 예술 그리고 치유

예술을 통해 삶의 아픔을
발견하고 치유하다

도움을 준 예술가들

서태경 www.rudeca.org

서태경은 2008년에 예술대학을 졸업하고 14년 동안 예술작업을 지속하고 있는 예술가이다. 페인팅을 주 매체로 사용하여 자신 안에 있는 "언어화되지 않는" "감각"을 예술작업으로 표현하고 있다. 서태경은 2012년부터 자신의 몸 안에 있는 장기들을 설치하고 꺼내는 실험적인 퍼포먼스를 시도하면서, 2017년 전시를 위해 방문한 뉴질랜드에서 루이를 만나 결혼한 뒤 한국에서 카페를 오픈했다. 현재 카페 루데카(RUDECA)는 커피를 파는 목적 외에, 그림을 그리고 글을 쓰는 작업실이자 퍼포먼스와 전시가 열리는 공간으로 여러 "경계"에 서 있다.

오원주 www.dummyfactory.net

오원주는 2007년에 예술대학을 졸업하고 15년 동안 예술작업을 지속하고 있는 예술가이다. 사진을 재료로 사용하여 일상 속에서 "자신의 눈에 들어온 대상을" 촬영하고, 마치 "시를 쓰는 것처럼" 사진작업을 완성시켜 나간다. 오원주는 1998년부터 전시를 했으며, 국내보다 국외에서 개인전시를 활발히 해왔다. 생계를 위해 시작한 프린트 공방 뷰룸(VueLoom)에선 필름 현상 및 스캔, 사진 프린트 그리고 사진 강의를 한다. 오원주는 2019년 어머니가 "타살"을 당한 뒤, "오늘 죽을 사람을, 내일로 미루는 것을, 매일 반복하는" "생지옥"을 살아내다가, 삶에서 일어나는 "몇 가지 인연과 우연"으로 현재 다시 카메라를 들고 사진작업을 하고 있다.

조세미 조세미는 2008년에 예술대학을 졸업하고 14년 동안 예술작업을 지속하고 있는 예술가이다. 페인팅을 주 매체로 사용하여 "관계에서 경험하는 감정"에 대해 마치 "연구원"처럼 파고들어 작업을 하고 있다.

서보형 'a sabotage film' 유튜브 채널

서보형은 예술대학을 2006년에 졸업하고 16년 동안 예술작업을 지속하고 있는 예술가이다. 영상이라는 문법을 통해 "자신이 삶에서 경험한 이야기"를 새롭고 낯설게 바라보려는 시도를 한다. 서보형은 비디오 아트에서 단편 및 중편 영화로 영역을 확장하여 미술과 영화 두 영역에서 활동하고 있으며, 현재 장편영화를 만들기 위한 준비를 하고 있다.

김현묵 www.kimhyeonmuk.com

김현묵은 2010년에 예술대학을 졸업하고 12년 동안 예술작업을 지속하고 있는 예술가이다. 회화를 주 매체로 사용하여 "우리가 살아가면서 경험하게 되는 다양한 가치에 대해서 함께 고민할 수 있는 작품"을 만든다. 현재 김현묵은 예술가이자 문화예술교육자 그리고 문화예술교육의 기획자로서 다방면에서 활동을 하고 있다.

chapter I

예술가가 되기까지

예술가가
되기까지

예술가를 이해하기 위해서는 예술가들이 '언제부터' 예술에 관심을 가졌고, 예술을 접했을 때 '무엇을' 느꼈으며, 어떤 '계기'나 '이유'로 예술가가 되기로 '결심'했는지 등을 이해할 필요가 있다. 그래서 지금부터 우리는 이 책에 참여한 예술가들이 어렸을 때 어떠한 경험을 했는지 간단히 살펴보겠다.

1. 예술대학에 들어가기까지 : "어렸을 때부터 좋아해서"

많은 예술가들이 그렇듯이 조세미 역시 어렸을 때부터 그림 그리는 게 너무 좋았다.

조세미 : 주변에 미술 하는 사람도 없고. 부모님도 미술은 아니었고. 음... 그렇다고 어떤 선생님이 너무 좋아서 그런 것도 아니었고. 그냥 내가 좋아서 했던 것 같애. 그래서 맨날 어렸을 때는 만화가가 된다고 이야기로 그림 그리기 했었거든.

그림을 그리게 된 특별한 계기는 없었지만, 조세미는 어렸을 때부터 마음에 드는 그림을 따라 그리거나 스토리가 있는 그림을 그리는 것을 좋아했다. 대부분의 아이들이 장난감을 가지고 놀거나 밖에서 마음껏 뛰어 노는 것을 좋아하겠지만, 조세미는 또래 아이들과는 다르게 "그림 그리는 게 너무 좋아서" 맨날 집 안에서 그림을 그렸다.

조세미 : 몰라. 나는 그림 그리는 게 너무 좋아서, 진짜 맨날 집 안에서 밖에도 잘 안 나가고 스케치북만 있으면 집 안에서 맨날 그림 그렸어.

그림 그리는 것이 얼마나 좋았던지 조세미는 결국 유치원 대신에 미술학원을 다니게 된다.

조세미 : 진짜 어렸을 때부터 나는 유치원 대신 미술학원을 다녔거든, 어릴 때.

한기현 : 아. 유치원에 안 가고?

조세미 : 신동설! (웃음) 유치원은 되게 짧게 다니고 미술하고 싶다고 해서 미술학원 다녔었거든.

한기현 : 직접 (부모에게) 얘기를 해서?

조세미 : 엄마가 얘기하기로는, 내가 맨날 집에서 그림만, 엎드려서 그림만 그리고 있어 가지구, "너 그럼 미술학원 갈래?"

그래서 내가 "어 간다고" 막 이랬어.

유치원 대신 미술학원에 다니기 시작한 조세미는 초등학교, 중학교 때도 계속해서 미술학원에 다녔다.

조세미 : 나는 초등학교 때부터 있잖아. 미술학원을 쉰 적이 별로 없어. 보통 초등학교 때는 뭐 어릴 때 저학년 때만 잠깐 다니잖아. 기본적인 거를 위해서. 그래서 많은 애들이 저학년 때 다니고 거의 다 그만둔단 말이야. 나는 피아노가 그랬고. 근데 나는 나의 의지로 "계속 다니겠다" 이래 가지고 (미술학원을) 계속 다니고. 중학교 때도 계속 다니고 그렇게.

초등학교 저학년 때는 예체능 학원에 다니는 경우가 많이 있다. 조세미처럼 아이가 먼저 무엇인가에 관심을 보여서 예체능 학원에 다니기 시작하는 경우도 있고, 부모가 먼저 이것저것 다양한 걸 해보는 게 좋겠다 싶어서 학원에 보내는 경우도 있다. 하지만 조세미가 얘기하듯이 초등학교 저학년 때, 그림 그리는 법을 배우기 위하여 미술학원에 잠깐 다니는 경우는 많지만, 조세미처럼 중학교 때까지 계속해서 미술학원에 다니는 경우는 찾아보기 어렵다. 그렇게 조세미는 어렸을 때부터 중학생 때까지 계속해서 미술을 해왔고, 고등학교를 진학할 때도 스스로 예고에 가겠다는 결심을 하게 된다.

김현묵도 조세미처럼 어렸을 때부터 그림을 그렸다. 김현묵은 그림을 처음 그렸을 때 유난히 집중을 잘해서 엄마가 놀랐던 것이 기억난다고 했다.

김현묵 : 지금 생각이 든 건데. 어릴 적에 되게 그런 계기가 중요했던 것 같기도 해요. 제가 굉장히 산만한 아이였는데. 어, 단 한 번도 책상에 앉아본 적이 없었죠. 제가 몇 살인지도 기억 안 나는 어릴 때, 초등학교 가기 전 이럴 때니까… 근데 공룡 인형, 요만한 피규어가 있었어요. 요만한 피규어가… 그거를 딱 놓고 그리고 있는 거예요. 근데 원래 애기들이 그림을 그리면 딱, 선 따 가지고 그리잖아요. 근데 그게 아니라 소묘를, 소묘를 하고 있었어요. 제가 기억하기론… 흐흐…

한기현 : 소묘? 처음에?

김현묵 : 네, 맨 처음에. 처음부터. 그냥 그런 거 새까맣게 막 칠하고, 뭐 되게 못 그렸겠죠? 근데 지금 생각해도 되게 열심히, 아무 말도 없이, 그걸 계속 앉아서 하고 있었는데… 엄마가 절 보고 되게 놀라워하고 갔던 기억이 나요. 근데 그때까지는 저도 몰랐던 거죠. 엄마가 놀라기 전에는. 잘 그려서 놀란 게 아니라, 내가 가만히 있으니까…

한기현 : 풋.

김현묵 : 하하하하. 뭔지 알겠지?

김현묵은 어렸을 때 "굉장히 산만한 아이"였다. 그러던 어느 날 한시도 가만히 있지 않고 책상에 한 번도 앉아본 적이 없는 아이가 공룡 피규어를 그리기 위하여 책상 앞에 앉았다. 일반적으로 아이들이 그림을 그릴 때면 선으로만 그림을 그리곤 하는데 김현묵은 처음부터 그림을 새까맣게 "소묘로 그리고 있었다"고 한다. 그리고 굉장히 산만한 아이가 오랜 시간을 아무 말도 없이 책상 앞에서 조용히 그림을 그리고 있는 모습을 본 김현묵의 엄마는 깜짝 놀랐다.

그런데 김현묵은 그때 단순히 그림을 그리고 있었던 게 아니라 "집중"하고 "몰입"을 하고 있었다.

김현묵 : 저도 잘 그렸는지 아닌지는... 잘 기억이 안 나요. 기억이 안 나는데... 되게 오랫동안, 아까 얘기했던 그 집중의 시간이 있었던 거죠! 몰입의 시간이... 그래서 어, 나는 되게 이런 걸 못하는 아인데, 이걸 이렇게 몰입하는 걸 보면, 이걸 계속하면 좋겠구나... …(중략)… '그림 그리는 거를 계속해야겠다.' 그때 막 내가 '화가가 돼야지' (보다는) 그땐 뭐 화가가 뭔지도 몰랐을 거고. 그냥 그림 그리는 거... 그래서 계속 꿈이 '그림만 계속 그리면서 사는 삶' 이런 거였어요!

김현묵은 자신이 처음 그렸던 공룡 피규어를 잘 그렸는지는 기억이 나지 않는다고 한다. 하지만 자신이 그림을 그리는 것을 보고 엄마가 놀랐을 때 '어? 그림을 그릴 땐 나한테 집중하는 면이 있네?'라고 느끼게 되었고, 그 순간이 계기가 되어 계속해서 "그림만 그리면서 사는 삶"을 꿈꾸게 된다.

앞에서 살펴봤듯이, 어렸을 때부터 조세미는 그림을 그리는 게 너무 좋았고 김현묵은 어린 나이에도 불구하고 그림을 그릴 때 몰입과 집중을 경험했다. 마찬가지로 어렸을 때부터 그림 그리는 것을 좋아했던 서태경은 초등학교에 들어가면서부터 그림 그리기에 두각을 보이기 시작했다. 서태경은 그림 그리기 대회에 나가기만 하면 상을 받곤 했는데, 자신의 머릿속에 있던 상상을 그림으로 그릴 수 있었던 과학 상상 그리기 대회를 지금까지도 인상적으로 기억하고 있다.

서태경 : 저는 과학 상상 그리기, 그러니깐 (초등학교 때) 막 과학적으로 옳지 않아도 어떤 것이든 상상해서 그릴 수 있는 그림 대회가 있었어요. 그게 제일 재미있었어요.

한기현 : 혹시 기억에 남는, 상상했던 그림이 있어요?

서태경 : …(중략)… 저 하늘이 얼마나 높고 우주가 끝이 없다고 하는데. 하늘에 백 평, 거기 내 집 띄어 놓으면... 거기 내 집 하면 그거는 또 뭐야? 조금 이렇게 방향감각 상실. 좀 그런 거를 계속 상상했던 거 같아요. 그러니깐 차를 타고 가면 방향이 딱딱 정해져 있는데. 하늘을 날아다니고 물속을 날아다니고 그런... 그러니깐 위아래가 없고 그냥 모든 방향이 가능한! 그런 거를 생각하면 너무 자유로워지고... 그런 거... 너무 좋아... 너무 좋았던 거 같아요!

과학적인 내용을 억지로 상상해야 하는 많은 아이들과는 달리, 서태경은 현실에선 불가능하더라도 “하늘 위의 집”, 신호등이 필요 없는 “날아다니는 자동차” 등 자신이 상상하고 싶은 대로 마음껏 상상할 수 있는 과학 상상 그리기 대회가 특히 재미있었다. 또한, 상상한 것을 자기 마음대로 그려도 되는 게 너무 자유로웠다.

지금까지는 그림을 통해 예술작업을 하고 있는 예술가들의 경험을 살펴보았다. 그런데 영상 작업[1]을 하는 서보형은 이와는 조금 다르게 영상 작업을 하게 된 계기를 떠올렸을 때 다양한 기억이 떠오른다. 서보형은 영화를 보는 즐거움, 무언가를 만드는 즐거움, 글 쓰는 즐거움을 어렸을 때 체험했다고 회상하는데 이것은 아마도 영상이라는 장르의 특성 때문에 다양한 계기들이 복합적으로 작용이 된 것으로 유추할 수 있다.

> **서보형** : 어렸을 때부터 영화를 좋아했지. 강시 영화부터 좋아했지. …(중략)… 초등학교 때, 학교 앞 떡볶이 가게에서 틀어준 강시 영화.

---

1) 서보형은 자신을 소개할 때 “영상 및 영화”를 하는 사람이라 했다. 서보형은 예술대학에서 미디어 아트를 전공했으며 미술관과 갤러리 등에서 전시를 하고 있다. 그리고 최근 3년 전부터는 단편 및 중편 영화를 만들면서 영화제에서 입상을 하는 등 점차 미술계보단 영화계에서 활동을 하고 있다. 예술계열의 미디어 아트와 영화계열의 영화제작을 하는 서보형이기에 이 책에서 서보형의 작업을 미디어 아트와 영화를 아우를 수 있는 ‘영상 작업’이라는 단어로 본문을 구성하였다.

서보형은 자신이 봤던 최초의 영화를 초등학교 앞 떡볶이 가게에서 틀어준 강시 영화로 기억한다. 그리고 그때부터 서보형은 영화 보는 것을 좋아하게 된다.

서보형 : 초등학교 때, 글쎄, 뭐 2~3학년 때 그랬던 것 같은데. 어렸을 때 난 영화 보는 체험이 그런 짜릿함을 느꼈었거든. 영화를 봤을 때 너무 재미있어 가지구 비디오를 몇 번을 돌려보고 했던 기억들이 많아. 한 영화가 너무 인상적이면 그걸 일주일 동안, 그 영화의 장면 장면을 떠올리면서 생각을 했거든. 머릿속에서 계속 그 장면 생각하면서... 거의 현실에 발을 붙여놓은 사람이 아니었어. 머릿속에서 그 이미지만 떠올리는 거야! 너무 좋으니까!

서보형은 영화를 볼 때 몸에 "짜릿함"을 느낄 정도로 영화를 보는 것이 너무 재미있었다. 그리고 영화의 장면 장면을 얼마나 곱씹었는지, 거의 "현실에 발을 붙여놓지 않고" 영화 속 이미지 안에 사는 사람 같았다고 회상한다.

그리고 어렸을 때부터 영화 보는 것을 좋아했던 서보형은 초등학교 저학년 무렵 자신이 만들기를 좋아한다는 것을 알게 된다.

서보형 : 모형 항공기, 그거를 내가 만들어 가지고 날릴 수 있는 거 있잖아. 고무 동력기! 그걸 만드는 게 너무 재밌는 거

야. 얘가 날아가는 모습이 나는 너무 즐거웠던 거지... 응. 그때 뭔가 만드는 것에 대한 게 강하게 뇌리에 박혔던 것 같아.

서보형은 초등학교 저학년 때 고무 동력기를 만들었던 기억이 강하게 남아있다. 자기가 만든 고무 동력기의 프로펠러가 힘차게 돌아가며 하늘 위로 날아올라 하늘을 뱅글뱅글 나는 모습을 본 서보형은 "너무 즐거웠다."

영화를 보는 것도 좋아하고, 만들기를 좋아하는 서보형은 우연한 계기에 선생님의 칭찬을 듣게 되면서 글을 쓰는 것도 좋아하게 된다.

서보형 : 내가 약간 난독증이 있어서 글을 잘 못 읽고, 잘 못 쓰고 했거든. 근데 내가 뭔가... 뭔가를 썼던 거를 선생님이 한 번 칭찬해 주었는데... 이 기억이 되게 강렬하게 남아있는 거야. 그런... 나는 원초적 기억 기억이... '내가 이거를 했을 때 칭찬을 받는구나.' 아니면 '내가 이거를 했을 때 엄청난 즐거움이 생기는구나.' …(중략)… 그러니까 사람이 즐거워서 미칠 때가 있거든. 그게 동력인 것 같아.

어렸을 때부터 난독증이 있어 글을 읽고 쓰는 것이 어려웠던 서보형은 선생님이 자신의 글을 보고 칭찬해 준 일이 강렬하게 남아있고, 이때 "즐거워서 미칠" 것 같았다. 이렇게 서보형은 영화를 보는 즐거움, 무엇인가 만드는 즐거움, 글을 쓰는 즐거움 등이 차곡차곡 "뇌리에 박히다가" 어느 순간 영화를 하겠다고 결심하는 결정적 순간이 온다. 그것은 서보형이 고등학교 3학년 때였다.

서보형 : 고등학교 때, 고3 때, 영화를 되게 많이 봤었는데. 그때는 비디오 가게에서 영화를 빌리던 시절이었어. 흐흐. 그때 그냥 포스터에 끌려서 '그랑블루'라는 뤽 베송 감독의 프랑스 영화랑 '아비정전' 왕가위의 아비정전이었어. 두 감독이 누구인지도 모르고 그냥 포스터가 너무 예뻐서 아무런 정보 없이 봤는데. 그날… 그냥 충격을 받은 거야! 두 영화를 연달아보고 '내가 죽이 되든 밥이 되든 무조건 나는 영화하면서 살아야겠다!!!' 그때 그냥 그 사건으로 결정! 나머지 인생이 결정돼 버린 거지! 그만큼 되게 강렬한 체험이었어. 그날 그 두 편의 영화가…

서보형은 고등학생 때도 계속해서 영화를 보는 걸 좋아했다. 그러던 어느 날 자주 가던 비디오 가게에서 그냥 빌린 영화 그랑블루와 아비정전을 연달아 본 서보형은 그날 "죽이 되든 밥이 되든 영화를 하면서 살겠다"라고 결심을 하게 된다. 서보형이 그 두 영화를 보고 느낀 것은 무엇이었을까?

서보형 : 기본적으로 나는, 영화는 이미지와 사운드의 세계라고 생각하는데. 그날 그 이미지의 극단과 사운드의 극단을... 완전히 거기에 심취해버린, 심취해버렸단 생각이 들어. …(중략)… 그랑블루가 특히나 이미지적으로 강렬했었고! 어... 아비정전은 오히려 사운드적으로 강렬한 뭔가가 있었던 것 같아... 되게 그 영화 자체가 현장 사운드... 후시[2]를 안 따고 현장의 그런 엠비언스[3]의 느낌과 현장의 소리가 되게 생생했거든! 그때 내가 오디오에 연결해 가지고 사운드를 크게 해서 영화를 봤었거든... 그래서 그게 너무 충격적이었지.

서보형이 말했듯이 영화란 각각의 이미지와 사운드가 결합되어있는 세계이다. 영화 그랑블루는 서보형에게 이미지의 극단을 보여줬고 영화 아비정전은 사운드의 극단을 느끼게 해 주었다. 특히 아비정전은 서보형에게 "충격적"일 정도로 "현장의 소리가 생생"한 영화였다. 이렇게 두 영화에서 받았던 충격은 서보형을 죽이 되든 밥이 되든 영화를 하며 사는 삶으로 이끌게 된다.

이처럼 대부분의 예술가들은 어렸을 때부터 그림을 그리는

---

2) 촬영현장에서 발생하는 다양한 소음들을 잡아주기 위하여 혹은 영상을 편집할 때 소리를 덧씌우기 위하여 실제 촬영 장면 외에 녹음을 따로 하는 것을 '후시'라고 한다. 일반적으로 어떤 영화를 봤을 때 눈에 보이는 이미지와 사운드가 실시간으로 동시에 촬영된 것이라고 생각할 수도 있을 것 같다. 하지만 많은 경우 영상의 오리지널 사운드를 제거하거나 영상에 음악을 입히는 것 등 이미지와 사운드를 따로따로 구분하여 영상편집을 한다.

3) ambience, 어떤 장소의 분위기를 뜻하는 말로써 특정한 공간 내에 존재하는 음향을 의미한다.

것을 좋아하거나 영화를 보는 것을 너무 좋아하다 보니 예술을 하게 된 경우이다. 그리고 이러한 경우 외에도 어느 정도 성장을 한 뒤에 특별한 계기로 인해, 혹은 특별한 계기가 없이도 갑자기 예술을 시작하게 되는 경우도 있었다. 오원주는 갑자기 사진을 시작하게 된 경우이다. 오원주는 20살 때 돈을 벌기 위해 회사에 다녔는데, 어느 날 야근을 하고 집에 돌아가는 길에 "밤하늘에 떠 있는 달"을 보고는 갑자기 "재미있을 것 같다고 생각했던" 사진을 공부하기로 마음을 먹는다.

위와 같은 체험들을 통해 예술가들은 예술대학에 입학한다. 그리고 이제부터는 단순히 혼자서 그림을 그리거나 혼자서 영화를 보는데 머물지 않고 같은 관심사를 가지고 있는 대학의 동기와 교수들이 있는 환경에서 점차 자신만의 독창적인 예술작업을 하게 된다.

2. 예술대학에 들어간 후 : "내 스타일을 찾아가는"

나는 예술가들이 언제부터 예술작업[4]을 했다고 스스로 생각하는지 궁금했다. 왜냐하면, 어렸을 때 그렸던 그림과 자신의 의지와 노력으로 예술작품을 만드는 것은 다르다고 생각했기 때문이다. 아무래도 어렸을 때는 재미나 즐거움만으로 그림을 그릴 수 있겠지만 이제는 단순한 재미나 즐거움만을 위해 그림을 그리는 것이 아니다. 예술가들은 자신의 삶의 "최전선"에서 자신이 가지고 있는 열정과 에너지를 쏟으며 예술작업을 하고 있었다.

조세미 : 내가 동료 작가들 봐도 다 그래! 아무도, '아, 정말 너무 행복하잖아! 너무 편하잖아! 나 너무 잘 됐잖아!' 이런 사람 아무도 없어! 다들, 수많은, 정말, 그런 어떤 자괴감과 자기 의심과 자기 검증과 이런 게 오면서... 그거를 진짜 내 딴에는, 우리 딴에는 최전선에서 그걸 하고 있다고 생각하거든. 그런 괴로운 마음으로 '이거 괜찮나? 이거 잘하고 있는 거 맞나? 잘해야 해! 나, 이거 잘하고 싶어!'라는 마음(으로)...

---

4) 이 책에서 예술작품은 만들어진 작품, 즉 '결과물'만을 의미하고 예술작업은 예술가가 작품을 만드는 '행위'를 포함한다.

이 책에 참여한 모든 예술가는 '언제부터 예술작업을 했는가?'라는 나의 질문에 대학시절이라고 답했다. 이는 결국 어렸을 때 집에서 그렸던 그림이나, 대학에 들어가기 전에 입시학원에서 그렸던 그림은 자신의 예술작품이라고 생각하지 않는다는 것이다.

우리나라에서는 예술대학에 진학하기 위해서 많은 학생이 입시학원에 다닌다. 왜냐하면, 거의 모든 예술대학에서는 입시 때 내신 성적이나 수능 점수 외에도 실기시험을 보기 때문이다. 실기시험은 지원하는 과에 따라서 그림을 그리거나 사진을 촬영하는 등 시험장에서 무엇인가를 직접 만들어보라는 식의 문제가 출제된다.[5] 실기시험을 봄으로써 어느 정도 기초가 되어있고 준비가 된 학생을 선발하겠다는 예술대학의 의도가 있겠지만 그것을 확인하기 위한 각각의 예술대학의 실기시험방식[6]은 조금씩 다 달랐다. 그래서 학생들은 수능 점수가 어떻게 나올지 모르는 상황에서 자신이 지원할 수 있는 학교의 폭을 넓혀 놓기 위하여 가능한 다양한 학교의 실기시험을 준비하게 된다.

하지만 예술대학의 실기시험은 만만하지가 않다. 예술대학

---

5) 예를 들어 실기시험이 어렵기로 소문난 한 사진학과는, 주제와 소품을 주고 한 장소에서 10분 동안 사진을 촬영한 뒤, 5분 안에 최종 사진 20장을 선택하고 제출하는 방식으로 실기시험을 진행한다. 이때 아무리 사진을 오랜 시간 촬영해 온 사람일지라도, 이 같은 시험방식에 적응이 되어있지 않는다면 제한된 소품으로, 10분 안에, 각기 다른 20장의 사진을 촬영한다는 것은 매우 어렵다.

6) 미술학과의 경우엔 석고데생, 정물 수채화, 발상과 표현, 포트폴리오 등으로 실기시험을 보는 방식이 구분되며 사진학과의 경우엔 스튜디오 정물 촬영, 야외촬영, 포트폴리오 등으로 학교마다 다르게 실시시험을 보고 있었다.

의 실기시험은 시험 당일, 시험장에서 처음 공개된 문제를 보고, 제한된 시간 안에, 시험 문제에 적합한 작품을 만들어서 학교에 제출해야 한다. 이를 학생 혼자서 준비하는 것은 어렵다. 그래서 학생들은 입시학원에 가서 다양한 예술대학의 각기 다른 시험 방식은 물론이고 지금까지 출제되었던 실기시험의 유형과 경향성 그리고 어떤 학생들이 입시에 성공했는지 같은 실질적인 입시정보를 얻는다.

그리고 실기시험에서는 문제에 적합하면서도 테크닉적으로[7] 뛰어난 작품을 만들수록 입시에 성공할 가능성이 커지기 때문에 학원에서는 학생이 필요한 테크닉을 습득할 수 있도록 도와준다. 또한, 아무리 테크닉이 뛰어나더라도 실기시험의 특성상 제한된 시간 안에 작품을 빠르게 완성해야 하므로 학원에서는 정해진 시간 안에 작품을 만드는 것에 익숙해질 수 있도록 연습을 반복해서 하게 한다. 그래서 실기시험을 준비할 때는, 테크닉적으로는 뛰어나지만 단순한 형태의 "정물" 같은 그림을 보편적으로 그리게 되는 것이다. 이는 자신이 표현하고 싶은 것을 표현하는 예술가의 예술작품과는 거리가 멀다.

7) 그림에 있어 테크닉이란 단순히 '사실적으로 잘 그린 그림'만을 의미하지 않는다. 조세미는 그림의 사실적 묘사 외에도 "풍부한 색감, 완벽한 구도, 그림의 부피감이나 덩어리감 그리고 자신만의 개성" 등을 얘기하면서 입시를 준비하는 학생들의 '살벌함'을 얘기하였다. 하지만 이 책은 입시에 주목하는 것이 아니기 때문에 여기서는 이 정도만 짚고 넘어가겠다.

조세미 : 고등학교 때는 입시 미술을 하는 거니깐... (그때는) 그냥 정물을 그리는 거야.

또한, 실기시험을 치르는 대신 포트폴리오를 제출하는 학교도 있으며, 실기시험과 포트폴리오 둘 다 준비해야 하는 학교도 있다. 포트폴리오란 하나의 작품이 아니라 최소한 열 장 이상의 작품으로 일관된 이야기를 만드는 것이다. 마치 예술가가 자신이 표현하고 싶은 하나의 소재나 주제를 가지고 계속해서 작업을 해나가는 것과 같다. 그래서 포트폴리오를 구상하거나 제작할 땐 작품들 간에 연결성을 고려해야 한다. 또한, 자신의 작품 퀄리티를 여러 장의 작품을 통해 보여주게 되는 것이기 때문에 퀄리티 있는 한 장의 작품을 만들 때보다 훨씬 더 어렵다.

이때 대학입시를 위해 포트폴리오를 제작하는 학생은 자신만의 고유한 예술작업을 하는 것 같이 느낄 수도 있다. 하지만 예술가가 하나의 자기 연작을, 몇 개월 혹은 몇 년 이상 지속하며 파고드는 것과는 달리 학생들은 입시를 준비하는 짧은 기간 내에 열 장 이상의 포트폴리오를 만들어내야만 한다.

그리고 포트폴리오에 대한 가벼운 이해만으로는, 작업의 아이디어나 제작 과정 그리고 완성과 면접까지, 학생 혼자서 포트폴리오를 진행하는 것은 거의 불가능하다. 그래서 입시 포트폴리오를 준비하는 학생들은 학원 선생님의 도움에 많은 부분 의존하여 포트폴리오를 진행하게 된다. 결국, 타인의 적극적인 도움이나 개입 없이 '자신의 작업을 주도적으로 한다'라는 관점으로 본다면, 예술작업을 처음 시작하는 시기를 '대학에 들어가면서부터'로 봐도 큰 무리가 없을 것 같다.

이제 그토록 꿈꾸던 예술대학에 입학한 조세미는 스스로 예술작업[8]을 해야 하는 상황에 놓이게 됐다.

> **조세미** : 대학교 때 처음으로 작업하는 과정 같은 거를 조금씩 익히잖아. 그러니깐... 그때 아무것도 모르는데 막 과제가 …(중략)… '네 마음대로 뭔가를 해봐' 이런 거... 그런 게 처음에는 학교 들어오면서 어렵지. 막... 어벙벙했었고. 아... 뭘 잘 그리는 게 문제가 아니라 뭔가를 (작업으로) 만들어 내야 하니깐.

어렸을 때부터 그림을 계속해서 그려왔음에도 불구하고 조세미는 처음 대학에 들어갔을 때 예술작업으로써 그림을 어떻게 그려야 할지, 아무것도 모르겠어서 당혹스럽다. 입시를 준비할 땐 테크닉에 초점을 맞춰 그림을 그리는 연습을 했다면, 대학에서는 그림을 단순히 잘 그린다고 해결되는 문제가 아니었다.

조세미처럼 예술작업을 처음 시작하는 사람들은 대부분 예술

---

8) 예술대학의 회화과의 경우 세부전공으로 순수전공과 디자인전공이 있고 사진과의 경우 순수, 상업, 다큐멘터리, 이론 등 다양한 세부전공이 있다. 하지만 이 책에 참여한 예술가들은 전부 순수전공(fine art)으로써 '자신만의 고유한 작업을 하는 것'이 목표인 경우이다.

작업을 어떻게 시작해야 할지 모르겠어서 막막함과 어려움을 느낀다고 한다. 그러면 예술대학에 갓 들어간 학생은 어떻게 예술작업을 시작할 수 있을까? 예술의 어원[9]이 테크닉이듯이 작업을 하기 위해선 최소한의 테크닉이 필요하겠지만 예술가들은 대학에 들어가기 전에 이미 어느 정도의 테크닉은 습득하고 체화된 상태이기 때문에 테크닉적으로는 큰 어려움이 없다고 해도 과언이 아니다. 오히려 대학에 들어가서도 계속해서 그림의 테크닉에 "집착"한 서태경은 뭔가 자신의 작업이 잘못된 방향으로 가고 있다는 느낌을 받았다.

> **서태경** : 이거를… 그러니깐 만약에 음악 쪽으로 말한다면, 사실 사람을… 감동을 주는 거는 막… 정말 사랑하는 사람이 완전 음정 박자 다 틀리면서 불러주는 프러포즈가 더 감동적일 수 있는데, 근데… 막… 그 감동을 뒤로하고 내가 막 완벽한 노래를… 막 음정 박자 이거에 집착하면서… 그거에 도달하려고 하면서, 내 안에 어떤… 진실성을 잃어가는… 그 방향… 과정처럼…

작업을 잘하기 위해 테크닉에 집착했던 서태경은 점점 자신의 그림에서 뭔가 중요한 게 빠진 것 같은 허전한 느낌을 가지게 되었다. 그리고 서태경은 과거에 자신이 감동하였던 작품을

9) 동서양을 막론하고 'art'는 어원적 의미에 '기술'이 포함되어 있다.

떠올리면서, 자신의 작품에는 예술가의 "절절함" 같은 진정성이 빠진 것을 느낄 수 있었다. 그래서 서태경은 테크닉에 집중했던 작품의 방향성과 자신이 예술작업으로 하고자 하는 방향성이 다르다는 것을 느끼게 됐고, 그 후 자신에게 있어 진정한 예술이라고 할 때 테크닉은 부차적이라는 것을 이해하게 된다.

이처럼 예술대학에 들어간 학생들은 입시 때 테크닉에 집중해왔던 방식에서 벗어나서 예술작업을 시작해야 하는 상황에 놓이게 된다. 하지만 학교에서는 작업을 어떻게 시작하면 되는지는 가르쳐주지는 않고 계속해서 '뭔가를 만들어오라는' 식의 과제만을 내준다. 그래서 조세미는 작업을 어떻게 시작해야 할지 아직 감을 못 잡았지만, 일단 과제를 하기 위해 뭔가를 만드는 시도를 할 수밖에 없었다.

조세미 : 대학교 때 주제를… 1, 2학년 때, 그럴 때, 학교에서 주제로 많이 주는 거는 본인에 대한 거를 되게 많이 줘. 나를 되게 알아가는 그런 거. 내가 '나의 어떤 거를 소개한다' 뭐 이런 식인 주제들이 있었고… 기억나는 거는 그게 있었어. 무슨, 모든 재료를 써도 되는데, 뭔가 하나를 만들어 와야 돼. 그림이 아니어도 상관은 없는데. 그게 주제가… 가족이었던 거 같은데? 나의 가족. (그렇게) 학교에서 자꾸 뭔가 (나에 대한) 그런 것들을 만들어오게 하니까. 그러니까 그런 거(과제)를 하면서 나를 알아가는 그런 게 많았던 것 같은데?

조세미가 다녔던 대학에서는 유독 자기 자신에 대한 것을 주제로 과제를 많이 내줬다고 한다. 그렇게 “나” 혹은 “가족”에 대한 것을 주제로 작업을 해오라는 학교의 과제 덕분에 조세미는 자연스럽게 자신에 관해 관심을 가질 수 있었고 “자신을 알아가는” 과정을 겪었다.

이처럼 조세미가 다니는 대학에서 자신을 알아갈 수 있는 과제를 내주는 이유는 자기 자신에게 관심을 가지고 자신을 탐색할 수 있게 하기 위함이다. 왜냐하면, 입시 때는 작품으로 무엇인가를 만들 때, 이미 정해져 있는 보편적인 틀이나 기준이 있기 때문에 학생들은 만드는 대상이나 표현방식에 대해서 특별히 고민을 한다거나 결정할 것이 없었다. 하지만 대학에서는 처음부터 끝까지 자신이 무엇에 관심이 있고 무엇을 어떻게 만들지, 학생이 스스로 고민을 하고 결정을 해야 하는 상황에 놓이게 된다. 그래서 이때까지 예술작업으로 무엇을 어떻게 할지를 생각해 본 적이 없는 예술대학의 학생들은 처음에 ‘도대체 뭘 해야 하는 거야?’라고 느끼며 막막해하는 것이다. 이때 조세미도 마찬가지로 자신이 예술작업으로 무엇을 어떻게 해야 될지 모르겠다.

조세미 : 1학년 때는 ‘나, 이거를 만들고 싶어. 이런 거를 하고 싶어.’ 이런 게 별로 없지. (과제를 내주니까 어쩔 수 없이) 자꾸 뭔가를 만들어내는 거지. 그냥... 어... 그냥... 그때

만든 거는 지금 생각하면 쓰레기들이지…

무엇을 어떻게 해야 할지 몰랐던 조세미는 특별히 작업으로 만들고 싶은 게 없었지만, 학교의 과제를 하기 위해서 어쩔 수 없이 뭔가를 만들어내기 시작했고, 그렇게 억지로 만들어낸 작품들은 하나같이 조세미 마음에 들지 않는 "쓰레기"같이 여겨졌다. 결국, 조세미는 자신이 예술작업으로 무엇을 하고 싶은지, 조금이라도 돌파구나 힌트를 얻기 위해 자신의 취향에 주목하기 시작했다.

취향이라는 개념이 모호하기 때문에 잠시 취향에 대해 짚고 넘어가야겠다. 취향에 대해 사유한 심귀연은 〈취향 : 만들어진 끌림〉에서 취향을 아래와 같이 정의한다.

"내게 주어진 조건 속에서 내가 지속적으로 일관성 있게 좋아하는 것을 선택하게 되는데, 그것을 취향이라고 한다.[10)]"

심귀연이 언급한 것처럼 취향은 주어진 조건 즉, 자신이 살면서 접하게 되는 환경에 영향을 받을 수밖에 없다. 왜냐하면, 우리가 무엇인가를 보고, 듣고, 느끼려면 어떤 마주침이 있어야 하고, 그러한 마주침은 자신이 살고 있는 환경이라는 범위 안에서

10) 심귀연, 취향 : 만들어진 끌림, p. 130.

일어나기 때문이다. 그래서 우리는 우리가 살고 있는 환경 안에서 내가 무엇을 좋아하고 싫어하는지 나의 '반응'을 통해 취향을 알아갈 수 있다.

그런데 이러한 반응은 "끌림"이라는 느낌으로 경험하게 된다. 그래서 내가 일상 속에서 지속적이고 일관성 있게 무엇인가에 끌린다는 느낌이 있다면, 이는 곧 내 취향이 될 수 있는 가능성이 있다는 얘기이다. 그런데 이러한 끌림은 이성적 판단이 아니기 때문에 모호한 느낌으로 경험하게 되고, 어떤 경우에는 이유를 알 수 없지만, 왠지 모르게 끌리는 모호한 그 느낌이 불쾌하게 다가올 수도 있다.

그런데 우리가 삶에서 무엇인가를 마주하고 반응하는 그 순간, 무엇인가에 끌림이 있을 때, 보통 우리는 그 끌림에 신경을 쓸 여유가 없다. 신경을 쓰려고 해 봐도 내가 왜 끌리는지 이유를 알기가 어렵기 때문에, 많은 경우 자신이 일상 속에서 자연스럽게 경험하는 끌림은 취향으로 드러나지 못하고 그냥 지나쳐버리거나 흘러가 버리는 것 같다.

이러한 상황에서 조세미는 예술작업을 하기 위해 자신의 취향을 명확히 하고자 했고 이는 결국 자기 자신을 알아가는 것과 같았다.[11]

11) 취향의 문제는 '나는 누구인가'라는 문제와 맞물려 있다(심귀연, 2021, p. 137.).

조세미 : 대학교 때 작업을 하면서... 내가 좋아하는 게 뭐고, 하고 싶은 게 뭐고, 내 스타일이 뭔지를 그때 엄청나게 찾게 돼. 지금 생각하면 보통 (학생들이) 다 그런 것 같아.

조세미는 자신의 취향을 구체화하기 위해, 자신이 무엇을 좋아하고 끌리는지를 알고자 사방팔방으로 노력하기 시작한다.

조세미 : 도서관이나 (미술잡지를 볼 수 있는 미술관) 그런데 많이 다녔지. 그러면서 이렇게 이미지 같은 거를 많이 찾고, 영화 보고, 책 보고, 음악 듣고... 그럼 같은 과에 그런 게 또... 통하는 친구들이 생기잖아. 걔네랑 막 그런 얘기하고. 그런 거 보러 다니고. 전시 보러 다니고. 뭐하고 하면서 나의 취향을 찾아가는...

조세미는 자신이 접할 수 있는 가능한 범위 내에서 다양한 문화적인 소스, 즉 참고자료들을 찾아보려고 노력했다. 그리고 자신이 무엇을 봤을 때 좋거나 관심이 있고, 즐겁고, 감동하는지 등을 세세하게 살피고 확인하며 자신의 취향을 수집했다. 예를 들어 조세미는 도서관이나 미술관에 가서 닥치는 대로 예술 관련 잡지를 본다거나, 좋아하는 책에서 자신이 반응하는 문장들을 기록하고, 감동받았던 영화나 자주 듣는 음악을 정리했다.

그렇게 조세미는 조금씩 자신의 취향이 구체화될수록 비슷한 성향의 친구들과 이미지, 책, 영화, 음악, 전시 등 다양한 문화적인 교류를 할 수 있었다. 그리고 점차 자신과 친구들과의 공통점이나 차이점을 발견하게 되었으며 이를 통해 자신의 취향을 보다 명확히 할 수 있었다.

> **조세미** : 나는 예를 들어 영화는 이런 스타일이 좋고. 책은 이런 스타일이 좋아. 글은 이런 사람이 쓰는 게 좋고. 사회적으로는, 이슈는, 나는 이런 게 관심이 있고. 화가는 이런 게 좋아. 뭐 이런 게 있잖아. (내 취향이 구체적으로) 생기잖아. 그럼 그게 나만의 영역이, 이런 루트가 하나가 생기는 거야.

조세미는 마치 연구를 하듯 자신에게 끌림이 있는 자료를 모으고 비교 분석하여 취향, 즉 지속적이고 일관성 있게 "내가 관심 있어 하고 즐기는 하나의 영역"을 구축할 수 있게 되었다. 그리고 자신의 취향으로 구축된 나만의 영역을 참고하여 조세미는 이제 새로운 노력을 하기 시작한다. '모방은 창조의 어머니'라는 말이 있듯이 자신의 취향 안에 들어온 소스들을 참고하여 조세미는 이것저것 다양한 시도로써 그림을 그리기 시작하면서 자신만의 작업 스타일을 구축해 나갔다.

그런데 우리는 이 책에 참여한 예술가들을 언제부터 '예술가'라고 부를 수 있을까? 나는 언제가 됐던지 스스로 자신의 정체성을 예술가라고 느끼고 타인에게 자신을 예술가라고 소개한다면 그것은 마땅히 존중받아야 될 것이라고 본다. 하지만 이 책에 참여한 예술가들의 경우엔 대학에 들어가서 자신의 작업을 시작하고 빠르면 2년 뒤, 혹은 늦으면 10년이 지나서야 자신을 스스로 "작가"라고 생각하고 있었다.

그래서 나는 자신만의 스타일을 가지고 작업을 본격적으로 할 때부터 이들을 예술가로 보고자 한다. 이는 결국 어렸을 때 그렸던 그림이나 고등학생 때 테크닉에 집중했던 입시미술은 단지 예술가가 되기 위한 준비의 과정으로 보는 것이다. 또한, 예술대학의 학생이라고 해서 그들을 다 예술가로 볼 수는 없다. 왜냐하면, 예술대학에 다닌다고 해서 모두 다 자신의 작업 스타일을 가지고 있는 것은 아니며 자신만의 작업을 못 하는 경우도 많기 때문이다.

chapter II

예술작업과 심리치유

예술작업과
심리치유

우리는 자신만의 스타일을 가지고 본격적으로 예술 작업을 시작한 사람을 예술가로 보기로 했다. 그리고 이제부터는 예술가들의 작업 과정을 상담심리학[12]의 관점에서 살펴보고자 한다. 상담심리학의 관점으로 약 20년이라는 예술가의 예술작업 경험을 살펴봤을 때, 이들의 예술작업 과정을 '직면'과 '탐색' 그리고 '치유'의 과정으로 구분해 볼 수 있었다.

이 책에서 이야기하는 직면이란 예술가가 자신의 예술작품을 만들고, 만들어진 작품을 바라보는 순환적인 과정 속에서, 본인이 의도하지 않았지만 느닷없이 '지금까지 인식하지 못했던 자신의 심리적인 이슈를 인식하는 순간'을 의미한다. 그런데 여기서 한 가지 짚고 넘어가야 할 것이 있는데, 그것은 예술작업을 통해 자신의 이슈를 직면하고 탐색하는 과정이 예술가라면 당연히 겪는 자연스러운 과정이 아니라는 것이다. 이 책의 참여자들은 진솔하고 진정성 있게 자신의 작업을 해나갔기에, 예술작업을 통해 자연스레 자신의 이슈를 발견한 경우였다.

12) 심리학은 인간의 정신과 행동을 과학적으로 연구하는 학문이다. 그리고 심리학자들이 정신과 행동의 무엇을 어떻게 연구하고 적용하는가에 따라 다양한 영역으로 심리학은 세분화된다. 상담심리학은 인간행동의 연구를 통해서 밝혀진 심리학의 지식을 사람들에게 적용한다는 점에서 응용심리학이다. 이런 점에서 상담심리학자는 심리학 분야에서 다양하게 밝힌 인간이해에 대한 모든 심리학적 지식을 내담자에게 적용하여 바람직한 방향으로 변화를 도모하고자 하는 응용심리학자이다(노안영, 상담심리학의 이론과 실제, 2005, p. 15).

이 책에서 이야기하는 탐색이란 자신의 심리적인 이슈를 인식한 예술가가 '예술작업으로 자신의 이슈를 계속해서 탐색해 나가는 과정'을 의미한다. 직면과 마찬가지로 예술작업을 통해 자신의 심리적인 이슈를 발견하고 인식한 예술가일지라도 모든 예술가가 자신의 이슈를 계속해서 예술작업으로 다루며 탐색하지는 않는다. 왜냐하면, 자신의 심리적 이슈가 너무 수치스러워서 보기 싫거나, 자신의 이슈가 감당할 수 없을 정도로 너무 클 때, 두렵거나 회피하고 싶은 것은 지극히 자연스러운 심리적인 반응이기 때문이다.

그래서 타인과의 관계에서 자신이 경험하는 감정을 예술작업을 통해 다루고 있는 조세미는, 자신의 감정에 대해 더 이상 파고들지 않음으로써 감정 혹은 무의식이라는 "판도라의 상자"를 더 이상 열지 말고 좀 "덮고 가면 좋겠는데"라는 생각을 하기도 한다. 하지만 이 책에 참여한 예술가들은 자신의 이슈를 피하지 않았고 계속해서 용감하게 예술작업을 통해 자신의 이슈를 탐색해 나갔다. 그리고 예술작업을 통해 자신의 심리적인 이슈를 직면하고 탐색하는 과정이, "죽을 것 같이" "고통스럽고" "찌질하고" "지지부진" 하지만 동시에 "치유적인 부분도 있다"는 것을 우리는 뒤에서 살펴볼 것이다.

이 책에 참여한 예술가들은 예술작업을 통해 자신의 심리적인 이슈를 10년 이상 다루고 있는 예술가들이지만, 나는 좀 더 치열하고 처절하게 자기 삶의 이슈를 예술작업으로 다루고 있는 서태경과 오원주의 경험에 주목하고자 한다. 이 두 명의 예술가는 자신의 심리적인 이슈를 예술작업으로 절절히 다루었을 뿐만 아니라, 자기 삶의 내밀한 이야기까지 저자에게 오픈했으며, 책에서 자신의 개인적인 이야기와 작품 이미지를 쓸 수 있게 동의를 해주었기 때문에 우리는 예술가의 삶의 이야기와 예술작업의 연관성을 가지고 앞으로 나올 내용을 살펴볼 수 있다.

1. 직면 : 의도치 않은 발견

1) 서태경의 직면 : "나는 너무 아팠구나"

어렸을 때부터 그림을 그리는 것을 좋아했고, 그림을 잘 그렸으며, 다양한 미술을 보는 것을 좋아했던 서태경은 자신이 좋아하는 미술이 하고 싶어 예술대학에 들어갔다. 그리고 대학에 들어간 서태경은 예술작업을 어떻게 해야 할지 몰라 1년간 헤매는 시간을 보냈고, 자신이 어렸을 때부터 그림을 그리며 느껴왔던 미술의 "유희적" 측면에 주목하여 다양한 장르와 매체의 작품을 "막" 만들어보기 시작했다.

이와 같은 시도는 서태경으로 하여금 "즉흥적으로 작업을 하는 방식이 자신에게 잘 맞다"라는 것을 경험적으로 느낄 수 있었다. 그래서 서태경은 대학교 2학년 때부터 자신이 지금 뭘 표현하고 싶은지 몰라도 무엇인가를 "표현하고 싶다"라는 내면의 느낌이 있으면 특별한 계획 없이, 손이 가는 대로 무엇인가를 그리거나 만들기 시작한다.

> 서태경 : 내가 뭔가를 표현함에 있어서… 그니까 뭔가 이렇게 '언어화되지 않고 완전 시각화되지도 않는 그런 느낌을 표현하고 싶어!' 그럴 때 그림을 그리기 시작해요. …(중략)… 되게 즉흥적이고 우발적인 표현을 계속했던 거 같아요.

이처럼 서태경이 "언어화되지도 않고 시각화되지도 않는 그런 느낌을" 그리고 싶어 캔버스 앞으로 갔을 땐, 자신도 무엇을 표현하고 싶은 건지, 앞으로 무엇을 그리게 될지, 작업이 어떻게 진행이 되고 마무리될지 전혀 예상할 수 없는 상태이다. 하지만 서태경은 뚜렷하게 잡히지 않는 자신의 느낌을 표현하고자 보이지 않는 내면의 느낌에 집중을 했고, 손이 가는 대로 그림을 그리기 시작했다. 그리고 서태경이 즉흥적으로 그림을 그리는 캔버스에는 도형이나 동물 혹은 사람 그리고 알 수 없는 어떤 형태들이 채워졌다.

그러면 서태경은 자신이 그리고 있는 그림의 부분 부분을 살펴보면서, 그림이 "인위적인 가짜" 같은지 혹은 "내 안에 있는 게 제대로 표현된 진짜"인지를 느껴본다고 한다. 이처럼 작업의 중간중간에 자신의 그림을 보면서, 그리고 있는 그림이 진짜 혹은 가짜인지 느껴보는 것은 서태경에게 매우 중요한 요소이며, 매우 중요한 기준이다.

서태경 : 그 뭔가… (내가) 어떠한 한 레이어(그림)를, 진짜 말도 안 되는 도형 하나를 그렸는데 그 감정이나 도형이 가짜, 그러니까 '인위적인 가짜 같아! 억지로 그린 것 같잖아?!' 이런 생각이 들면 용납이 안 되는 거죠. 그러면 그 감을 다시 찾아야죠. '이 선 때문인가? 쓰읍… 이 선 때문인가?' (그러면 그림을 덧칠하거나 다르게 그려보면서) 계속 (내가 진짜라고 느껴질 때까지) 그걸 찾아가는 과정인 거죠. 그래서 그게 (그림의 하나하나가) 진짜여야지만 한다는 거!

예를 들어 캔버스에 즉흥적으로 어떤 도형 하나를 그리면, 서태경은 자신이 그린 그림을 온몸과 마음으로 보고 느끼고자 노력한다. 그런데 만약 자신이 그리고 있는 그림을 봤을 때 가짜 같거나 마음에 들지 않으면, 서태경은 더 이상 캔버스에 새로운 그림을 그려나가지 않고 그려져 있는 그림들을 "자신의 마음에 들 때까지" 고치거나 다르게 그려본다. 그렇게 자신이 그리고 있는 그림에 대해 오감을 날카롭게 세우고 계속해서 그림을 수정 보완해나가다 보면 서태경은 자신의 그림이 "진짜"라고 느끼게 되는 순간이 오고, 자신의 그림이 진짜라고 느껴질 때, 서태경은 지금 그려진 그림 뒤에 뭘 그려야 될지 직관적으로 "알겠다."

서태경 : 그러면 (내가 봤을 때 진짜인 그림이 그려지고 있으면, 캔버스 부분 부분의) 그림이 연결이 되고, 그다음에 (내가) 뭘 해야 할지 알아요. 일단 무엇인가를 그리기 시작하면 뭔가 점점 (그림이) 구체화되잖아요. (그럼 그려진 그림을 보면서) '뭔가 다른 뭔가가 필요해'(라고 느끼면) 그럼 또 다른 뭔가를 그리고 있어. 그러니까 어떤 구조를 계속 찾고 답을 찾아 나가는 과정에 심취해 있는 거 같아요. 내가 표현하려는 그게 뭐고 지금 그거와 맞닿아 가고 있는지, 아니면 방향을 잃어가고 있는지. 그거를 계속 찾아 나가는... 과정... 그게 다 언어화되지 않는 과정이죠. 나만 아는 논리인 거죠. 그 논리대로 가면은 '애가 (그림이) 이렇게 자랐구나! 뭔가 그다음에는 뭐가 필요해...' 그 다음, 다음을 이어가는 그 프로세스가 내가 어느 정도 구축이 되어있거든!

앞의 자료를 보고 알 수 있듯이 서태경은 캔버스에 일단 무엇인가를 그리기 시작하면서 그림을 "구체화"해 나간다. 그리고 캔버스에 구체화된 그림을 계속해서 보고 느끼면서 직관적으로 그때그때 필요한 다른 뭔가를 추가로 그려나갔다. 이러한 작업방식은 타인이 이해하기 어려운 "언어화되지 않는 과정"이지만 서태경에게는 "자신이 표현하고 싶은 게 뭔지" "답을 찾아가는 과정"으로써 매우 자연스러운 작업 프로세스이다.

그리고 그렇게 완성되는 그림들은 모호해 보일 수도 있지만 마치 콜라주[13]처럼 연결이 되어 어떤 느낌을 표현하는 하나의 작품이 되었다. 계획적이지 않은 콜라주가 그러하듯 서태경 역시 처음 그림을 그리기 시작할 땐 캔버스에 무엇이 그려지고 작품이 어떻게 마무리될지는 알 수 없지만, 서태경은 완성된 작품들을 보면 "아, 내가 이거를 표현하고 싶었구나!"를 느낄 수가 있었다.

서태경 : 그림이 어떤 (작품 즉) 결과가 됐을 때 느껴지는 그 총체적인 경험. 그러니까 적어도 내가 봤을 때 '아, 이거를 표현하고 싶었어!'라는 느낌. 그거를 계속 찾았던 거 같아요! 이거를… 뭐를 표현하기 위해 이런 그림을 그렸다가 아니라, 일단 뭔가를 저지르고 '이게 무엇이었을까'를 생각하는…

이처럼 즉흥적으로 작업을 시작하는 서태경은, 자기 내면의 느낌을 그림으로 구체화시켰고, 완성된 작품을 바라보면서 내

13) 사진이나 그림에서 필요한 형상 또는 형상들의 요소를 오려 붙여 재구성하여 개인의 내면을 이해하는 데 도움을 주는 미술치료기법(김춘경, 상담학사전, 2016).

가 무엇을 표현하고 싶었던 것인지 느껴보고 생각해 보는 작업 방식으로 계속해서 작업을 해나갔다. 그리고 그려진 작품을 "두고두고" 들여다보았다.

> 서태경 : 작품을 완성하고 난 다음에는 두고두고 계속 봐요. (작업을) 들여다보면서, 이게 언어화되지 않는 감정인데... '아... 저 때는 저런, 저런 느낌이었구나' 그런 생각이 들고. 그러면 그다음, '그다음 과정으로 뭘 더 해나가고 싶은 거지?'를 느껴보고 생각하고. 연결성이랑 이런 거. 근데 또 약간 무의식적인 과정들이 껴있다 보니까. 되게 계속 의식적으로 체크도 하면서. 또 무의식도 나누고. (내 작품이랑) 계속 같이 노는 것 같아요. 이전 작업을 보면서 영향을 받기도 하고.

아마도 서태경은 그림을 그리는 테크닉에서 자유로웠기에 예술로 마음껏 놀 수 있었고, 원하는 만큼 다양한 표현을 많이 할 수 있었으며, 자신 안에 있는 "감정"을 그림으로 끄집어낼 수 있었던 것으로 이해된다. 그리고 즉흥적으로 그림을 그리는 서태경의 작업 방식은 마치 정신분석에서 사용하는 자유연상처럼 자신의 "무의식에 접근하는 과정"으로써 언어화되지 않은 자신의 감정을 느낄 수 있는 힌트가 될 수 있었다. 그래서 서태경은 그려진 작품을 계속해서 의식적으로 들여다보며 자신이 표현하고 싶었던 느낌이 뭔지를 알아내고자 노력했다.

서태경 : 항상 놀이의 형태로 작업을 하면서, 그러니까 뭔가 20대 (대학생) 땐 뭔가 재밌는 걸 하고 싶었던 것 같아요. 색깔을 가지고 놀고. 작업을 재밌게 만들고 싶었어요. …(중략)… 내가 이렇게 (즉흥적으로) 작업을 많이 하면서 컬러를 많이 쓰면서 그림을 그릴 때 '(학교에서) 이건 태경, 서태경은 이렇게 그림을 그리지'라는 스타일이 있었어요.

그렇게 서태경은 즉흥적인 작업 스타일로 마치 노는 것처럼 작업을 "재미있게" 그리고 "많이" 그려나갔다.

그리고 서태경은 학교에서 "이건 딱 봐도 서태경 그림"이라고 얘기할 정도로 색깔을 많이 쓰는 그림 스타일을 구축했으며 종종 외부에서 전시를 할 수 있는 기회도 생겼다.

서태경 : 그 당시 학생 중에 몇 명이 외부에서 전시를 했었는데, 거기서도 전시를 했었어요.

대학생의 입장에서 학교 외부의 전시에 참여한다는 것은 흔치 않은 일이다. 하지만 서태경은 이때 전시에 큰 의미를 두기보다는 계속해서 예술작업을 하는 것에 집중하고 있었다. 왜냐하면, 예술작업을 통해 자신 안에 있는 무엇인가가 "마그마처럼" "분출되고 있다"는 느낌이 들었기 때문이다. 그렇지만 서태경은 예술작업을 통해 자신의 무엇이 분출되고 있으며 자신이 도대체 왜 그림을 그리고 있는지 알 수가 없었다. 그리고 대학교 3학년이 끝나갈 무렵 서태경은 졸업심사를 준비하면서 지금까지 해온 수많은 자신의 작업을 "어떻게 정리하고 발전시켜나갈까?" 고민하게 된다. 그리고 자신이 그려왔던 그림들을 계속해서 살펴보던 중, "여자" 특히 "눈물을 흘리고 있는" 여자를 자신이 반복적으로[14)] 그리고 있다는 사실을 알게 된다.

> **서태경** : 그림을 그리게 되면 항상 되게… 나는 꼭 그리려고 그런 거는… 그건… 아니었는데. 항상 여자들… (그림에) 여자들이 많이 나왔었어요. 처음엔 되게 장식적이고 화려하고 막… 그런 거였던 거… 같아요. 되게 장식적이고 화려하고 밝은데… 뭐… 눈물 좀 그려져 있고… 그런…

다음 그림은 서태경이 즉흥적인 스타일로 그린 그림 중의 하나이다.

14) 이 책의 참여자들의 경우, 작업을 하는 방식에는 차이가 있지만 공통적으로 자신에게 진솔하고 진정성 있는 작업을 지속하다보니 자연스럽게 작업에서 반복되는 내용을 발견하게 되는 순간들이 있었다.

〈untitled〉

그림은 서태경의 말처럼 전체적으로 "화려하다." 그리고 그림의 중앙에는 뒤돌아보고 있는 여성이 보인다. 그림을 하나하나 찬찬히 살펴보면, 우선 그림의 색은 빨간색, 노란색, 파란색, 초록색 등으로 원색적이다. 인물의 주위에는 경계가 모호한 형상들이 펼쳐져 있는데, 모자이크처럼 각진 부분이 있고 물컹해 보이는 액체와 곡선이 곳곳에 있으며 삼각형과 네모난 기둥 그리고 다양한 모양의 조각이나 원 등이 종이로 오려 붙인 것 같이 그려진 형태가 보인다.

그리고 배경의 곳곳에는 액체가 흘러내리는 것처럼 표현된 부분이 많이 보인다. 그런데 이렇게 흘러내리는 부분이 배경에만 있는 것이 아니라, 자세히 보면 신체에도 흘러내리는 부분이 꽤 있다. 서태경의 말처럼 그림이 화려하고 장식적이기 때문인지 그림 속 여성이 "눈물"을 흘리고 있다는 사실은 한눈에 들어오지 않는다. 하지만 그림 속 여성은 강렬하게 초록색과 빨간색의 눈물을 흘리고 있으며 여성의 입에는 침인지 피인지 알 수 없는 빨간색 액체가 흐르고 있다. 또한, 여성의 몸 곳곳에도 무엇인가 흘러내리는 부분이 보인다.

이처럼 이유는 알 수 없으나, 자신이 작업을 통해 반복적으로, 화려하지만 눈물을 흘리고 있는 여성의 그림을 그리고 있다는 사실은 서태경에게 의미 있게 다가왔다. 그래서 서태경은 학교의 다른 친구들처럼 "작가"로서 빨리 전시를 하거나 미술계에서 활동하기보다는 자신에게 솔직하고 진솔한 작업을 "계속해 나가는 게" 더 중요하다고 생각한다.

서태경 : 나는 대학 졸업하고 막 갤러리 컨택하고 막 이런 게 아니라. 그러니깐 빨리, 어떤 그런 미술, 주류 미술계에 합류하려 하지 않고. 뭔가 되게 겉도는 방향을 선택했던 것들… 그러니까 나는 이제야 조금, 뭔가… 내 (작업) 세계라는 게 조금, 아는 것 같은 느낌도 들고… '이제 시작인 거구나. 내 작업이…' 어… '이렇게 내가 내 작업을 계속해 나가야 하는 거구나.' 그걸 느꼈어요. 나는 그냥 정말 밑바닥부터 '내가 어떤 사람인지를 깨닫고 가야 된다.' 이런 생각이 들었어요.

나는 서태경에게 작업을 통해 "내가 어떤 사람인지를 깨닫고 가야 된다"거나 "작업을 계속해 나간다는 게" 어떤 의미인지 물어보았다.

서태경 : 그냥. (작업하면서) '계속 보자. 내가 어떤 사람인지. 뭘 원하는지.' 계속 나한테 질문하는 과정이었던 거 같아요. 내가 (그때그때) 하고 싶은 거, 실험하고 싶은 거, 탐험하고 싶은 거 (다양한 예술 분야와 다양한 매체를 활용해 작업을) 하고 싶고. 그리고 (작업하면서) 나는 이런, 이렇게 '(작업이 깔끔하게 말로) 정리되는 사람이 아니다…' 그런 생각이 들었어요. …(중략)… (그래서 우선 작업을 통해) '내 거를 꺼내는 게… (8초 침묵) 제일 중요하다'라는 걸 느꼈던 것 같아요.

이제 서태경에게 있어 예술 작업이란 "내가 어떤 사람인지,

뭘 원하는지"를 계속 "보는 과정"으로써 "자기 자신에게 질문하는 과정"이 포함된다. 그리고 서태경은 작업을 통해 "내 안에 있는 무엇인가를 꺼내는 게" 자신에게 있어 "제일 중요하다"는 것을 느끼게 됐다.

하지만 자신이 하고 있는 게 "예술인지 아닌지" 확신이 없었던 서태경은 대학을 졸업하고 예술작업에 집중하기보다는 1년 동안 경제활동에 집중하게 된다. 대학에 들어간 뒤 돈을 버는 일을 "단 한 번도" 쉬지 않고 지속했던 서태경은, 대학을 졸업하고 디자이너로서 일을 하며 드디어 "먹고 살 만큼 충분히" 그리고 "굵직굵직"하게 돈을 벌었다. 서태경은 화려한 패션쇼 무대 디자인, 워커힐 호텔의 조형물 등 대형 프로젝트를 디자인하고 지휘 감독하며 자신의 능력을 맘껏 드러내는 게 한편으로 즐거웠지만, 이때 예술작업을 하지 않고 있었기에 자신이 "살아있다고 느껴지지 않았다."

그래서 26살의 서태경은 금전적으로 안정적인 생활보다는 자신이 하고 싶어 하는 예술을 하기 위하여 하던 일을 다 그만두고 혼자 빈 상가를 얻어 작업실을 마련했다. 이때 주변에서는, 돈 잘 버는 일을 그만두고 다시 예술작업에 집중하고자 하는 서태경을 "현실감 없는" "이상한 사람"으로 봤지만, 서태경은 "이게 내 현실이야! 건들지 마!"라고 외치며 자신이 꾸린 공간에서 꿋꿋이 작업에 몰두한다.

서태경 : 예술대학을 졸업한 뒤에, 아무도, 내 예술이 만들어지길 기대하는 사람이 생각보다 없죠. (보통) 이상하게 보잖아요. "어? 너 왜? 왜? 왜? 계속 예술을 하려고 그래?" 그런 상황에서 어... "나는 예술을 하겠어!"라고 하는 거가 제일, (예술가로서) '나의 첫발이지 않았을까?' 이런 생각이 들어요. 나 스스로, 어느 정도 머리도 큰 상태에서, 내가 그럼에도 불구하고, 나는 '예술을 하나의 내 삶의 방식으로 끌고 들어와서 계속 같이 간다'라고 했던 거죠. 그, 그 딱 붙은 그거는 변하지 않는다는 거죠. 누가 뭐라고 하든! 뭐, 나, 나한테는 이런 생각이 있고! 이런 태도가 있고! 난 이걸 지속할 거야!!!

서태경은 이제 더 이상 뭐가 예술이고 뭐가 예술이 아닌지와 같은 개념적인 질문을 하지 않았고 "누가 뭐라 하든" "예술을 하며 살겠다"라는 결심이 섰다. 그래서 서태경은 그때그때 즉흥적으로 하고 싶은 작업을 "즐겁고 의미 있게" 해나갔고, 그려진 작품을 "마주하면서" 자신이 왜 화려하지만 울고 있는 여성의 이미지를 반복해서 그리고 있는지 탐구해나갔다.

서태경 : (제가) 작업실에 와서 작업이랑 마주하고 이렇게 있으면... 이것저것 꺼내고 표현하고 이러다 보면은... 뭐 즐겁고. 의미가 있어지고. 또 내, 그냥 이렇게, 작업이랑 이렇게 계속 얘기를 하게 되는 거죠. (제) 작업이랑 (나는) 제일 친한 친구이자 (작업이) 다른, 또 다른 내, 나, 이기도 하고.

그렇게 서태경에게 있어 예술작품은 "또 다른 나"이자 "제일 친한 친구"가 되었다. 자신이 그린 화려하지만 울고 있는 여성의 그림을 계속해서 반복적으로 보다 보니, 서태경은 어느 순간, 울고 싶지만 울지 못하고 웃고 있는 자신의 "모순된" 상태를 감지했고, 자신이 "아프다"는 것을 느끼게 된다.

> 서태경 : 아프다… (난) 아팠구나… (7초 침묵) 이런 생각이 들어요… 너무 아팠구나… 고통이 많았구나…

2) 오원주의 직면 : "내가 많이 망가졌구나"

예술작업을 하다가 자신의 상태와 심리적인 이슈를 직면하게 된 것은 오원주 또한 마찬가지다. 철이 너무 일찍 들어서 어렸을 때부터 "애늙은이" 소리를 들어왔던 오원주는 초등학교 4~5학년 때 집에 있던 자동카메라가 우연히 손에 잡혔다. 그리고 카메라로 사진을 한 번 찍어봤을 때 오원주는 뭔가 "이상한 느낌"을 받았고, 그 느낌을 가지고 "계속해서 사진을 촬영했던" 기억이 있다.

> 오원주 : 초등학교 때 저는 사진 찍는… 찍히는 것보다 찍는 거를 더 좋아했었던 게 기억이 나요. 4~5학년 때부터 그래가

지고. 카메라 있으면 그거 가지고 이렇게 그냥, 슴퉁 슴퉁 슴퉁 찍었던 거…

시간이 흘러 20살이 된 오원주는 돈을 벌기 위해 회사에 들어갔고 여름이 끝나가는 8월의 어느 날, 야근을 하고 집에 돌아가는 길에 "밤하늘에 떠 있는 달"을 보고는 "갑자기" "재밌을 것 같은" 사진을 공부하기로 마음먹는다.

오원주 : 어느 날 갑자기, 농담이 아니고, 야근을 하고 퇴근하는데 밤하늘의 달이 너무 예쁜 거야… 너무 예뻐서, '그래서 뭐? 뒤질 때 뒤지더라도 이거나 (사진) 한번 해보고 뒤지던가! 아, 씨… 이거 하면 재밌겠는데?' 재밌을 거 같다고 생각했었거든! 그날 사직서를 쓰고. 업무 인수인계 이런 거 없이, 아침에 책상 위에다가 사직서 탁 올려놓고, 그냥 바로 차 타고 내려와 버렸어요.

그렇게 오원주는 뒤도 안 돌아보고 회사에 사직서를 내버렸고, 사진학과에 가려면 뭘 어떻게 해야 하는지 알아보기 시작한다. 그리고 사진학과를 가기 위해선 실기시험을 준비해야 한다는 것과 실기시험까진 3개월밖에 시간이 남지 않았다는 것을 알게 된다. 하지만 "뭐 안 되면 할 수 없고, 일단 해보자"라는 생각으로 오원주는 사진학원에 찾아갔다. 그리고는 "나는 지금 돈이 없어서 월 100만 원의 수업비를 못 낸다. 하지만 지금 50만원은 낼 수 있다. 나중에 갚을 테니 나한테 사진을 가르쳐 달라"고 당당하면서도 "뻔뻔하게" 자신의 입장을 이야기했고 학원에서는 어이없어했지만 오원주의 제안을 받아들였다.

그렇게 오원주는 갑자기 입시 준비생이 되어 사진학과의 실기시험을 준비하게 되었고 우선 필름 카메라에 익숙해져야만 했다. 그래서 학원에서는 카메라가 없는 오원주에게 필름 카메라와 렌즈를 "뺏기듯" 빌려줬고 "같은 장소에 가서 매일 다른 거를 촬영해 오라"는 과제를 내준다. 그렇게 오원주는 실기시험을 치르기 전까지 매일 같은 장소에 가서 다른 대상을 촬영하고자 노력했고, 사진을 촬영할 때 "눈에 보이는 게 다가 아니다"라는 감을 조금씩 느끼게 되었다. 그리고는 사진의 구성이나 다양한 앵글, 빛에 따른 사진의 차이 등을 스스로 조금씩 익혀나갔다.

오원주는 매일 사진을 촬영 한 뒤, 학원에 가서 그날그날 촬영한 필름을 "정성스레" 현상을 한다. 그리고 필름이 건조되는 시간에 학원에 있는 수많은 사진작가의 사진집을 보면서 자신이 지금 공부하고 있는 사진의 "표현력"에 대해 "매일"같이 놀라워한다.

오원주 : 사진집에 있는 사진을 보면서 그 당시에 어떤 걸 느꼈나 하면, '사진으로 이런 게 돼?' 그러니깐 '이런 게 표현이 돼?'가 아니고, '이런 게 사진이야? 이런 세계가 있었

어? 이게 뭐야? 내가 알던 그런 세계하고는 너무 다른데! 이런 표현이 있어?!' 생전 처음 보는 느낌... 근데 매체는 너무나도 흔해 빠진 사진이야! 그 괴리감이 되게 신선했어요. 어... 하루에 사진집만 거의 한 3~4시간씩 매일 그렇게 봤었죠.

그렇게 짧은 3개월의 입시 준비 기간 동안 오원주는 하루도 거르지 않고 필름 카메라에 익숙해지려는 노력과 매일 3~4시간씩 사진집을 보는 시간 그리고 수능 공부를 해나갔다. 그리고 자신이 준비한 대학의 사진학과에 수석으로 입학하게 된다.

하지만 대학에 들어간 오원주는 예술에 어울리지 않는 선배들과 예술대학의 군대 같은 분위기에 실망하여, 한 학기 만에 휴학을 한다. 그리고 대학을 휴학한 오원주는 혼자 예술사진과 관련된 책을 찾아보고 공부하며 "미친 듯이" 사진을 촬영했다.[15)]

오원주 : 제가 어디 나갈 때 항상 카메라를, 꼭! 항상! 들고 나가요. 찍든 안 찍든. …(중략)… 뭐 그렇게 한 2년 정도 미친 듯이 계속 사진 찍고... 필름 값, 약품 값 구할라고 노가

15) "여기 뿌려져 있는 사진들에는 2년 6개월간의 시간이 담겨져 있다. 그 사이에 …(중략)… 31,710장의 필름을 정리하고 선택하여 61장의 초벌 프린트를 만들어가는 7개월간 …(중략)…" 오원주의 작업노트를 보면 오원주가 사진을 얼마나 꾸준하게 촬영하고 꼼꼼히 정리했는지를 알 수 있다. 삼만일천칠백십장의 사진과 2년 6개월이라는 시간을 계산해보면 평균적으로 하루에 필름 한 롤(약 36장)을 촬영했다는 것을 알 수 있는데, 이는 일상 속에서 꾸준히 사진을 촬영했으며 매일 같이 작업을 하며 살았다는 의미이다.

> 다하고… 돈이 없으니깐… 뭐 당시에는 (젊으니까) 노가 다 괜찮았거든… 이제 밥값 아끼고 차비 아낀다고 걸어 댕기고. 그래도 뭐 필름 사면 (좋다고) 헤헤헤 이러고…

밥을 먹는 것보다 사진을 촬영하는 것이 더 중요했던 오원주는, 일상 속에서 "항상" 카메라를 가지고 다니면서 자신에게 무엇인가를 느끼게 하는 대상이나 상황을 순간적으로 빠르게 촬영한다. 다음 사진은 시기가 다 다른 오원주의 사진이지만 오원주 사진의 특징 중 하나인 블랙과 콘트라스트가 강한 사진들이다.

⟨me you see, No.77⟩

〈Ambient Walk, No.28〉

〈Butterfly Walked, No.12〉

오원주는 우리가 살아가고 있는 세상을 어둡고 거칠지만 정갈하게 촬영했는데, 언뜻 보면 세계적인 사진작가 모리야마 다이도(Moriyama Daido, 1938~)의 콘트라스트가 강하면서 거친 사진 스타일과 닮아있다. 그리고 오원주는 현대사진의 아버지라고 불리는 로버트 프랭크(Robert Frank, 1924~2019)처럼 하나하나의 사진 이미지를 앞뒤 맥락을 고려하여 사진의 순서를 엮음으로써, 마치 "시를 쓰는 것처럼" 사진 작업을 완성해 나갔다.

휴학하고 미친 듯이 사진을 촬영한 지 어느덧 2년이라는 시간이 지나면서 오원주는 스스로를 "작가"라고 생각하게 되었고, 단체 전시에 참여하기도 한다. 그렇게 사진작가로서 자신의 사진에 대한 자신감과 자부심 그리고 사진에 대한 열정을 가지고 있던 오원주는 사진을 더 깊이 공부하고 싶어서 다시 대학에 복학하였다. 하지만 여전히 변하지 않은 학교의 분위기와 배울 게 없다고 느껴지는 학교의 수업에 낙담하여 학교의 거의 모든 사람과 거리를 두고 자신이 공부하고 싶었던 철학과 미학 수업 등을 들으며 "자신의 작업에 몰두한다."

그리고 오원주는 그 당시의 자기 생각과 감정을 몇 개의 사진 작업으로 정리해 나가면서 자신의 사진에 특정한 "패턴"이 있다는 것을 어렴풋이 느끼게 된다.

오원주 : 셔터를 누르는 행위가 계속 쌓이다 보니까, 자기가 특정

한 부분에 있어서, 그 반응하는 어떤 종류의 패턴들이 있어요! 왠지는 모르겠는데... 나는 왠지... 이거를 보면 이렇게 찍고 싶어지지? 이해도 안 되고. 설명도 안 되고. 왜 이러는지도 모르겠어! 근데 왜... 근데 난 이걸 왜 계속 찍고 있지? 이게 무슨 의미가 있는지도 모르겠고, 어떤 감정인지도 모르겠는데? 근데... 보고 있으면 불편해!

오원주가 자신이 촬영한 사진을 보고 반복적으로 느낄 수 있던 것은 "불편하다"는 감각이다. 그리고 계속해서 사진을 많이 촬영하고, 자신의 사진을 보다 보니 오원주는 주로 무엇인가가 자신의 "신경이 긁거나", "불편하거나", "싫은" 기분이 들 때 사진을 촬영한다는 것을 알게 되었다. 예를 들어 오원주는 징그럽거나 시들어가는 꽃, 사람들의 거칠거나 부자연스러운 모습, 괴기스러운 조형물이나 고통스러워 보이는 동물의 모습 등을 주로 촬영했다.

오원주 : 하다 못해서 무슨, 뭐, 뭐, 예쁜 꽃 한 송이를 보더라도. 제가 그 예쁜 꽃을 찍는 이유는 그 꽃이 예뻐서 찍는 게 아니고. 그 예쁜 꽃 뒤에 있는 뭔가가... 나의 심기를 건드렸기 때문인 거지. 어... 이게 뭔가 불편한, 싫은 기분이 드는 거죠. 분명히 예쁜 꽃인데... 근데, 그게, 젭... 보이는 날도 있고 안 보이는 날도 있고 한데... 근데! 그냥 예쁜 꽃으로만 보였을 때 찍으면 그냥 예쁜 꽃으로만 찍혀요. 희한하게도! 신기하게! 근데, 그 예쁜 꽃 뒤에 있는

> 그림자가 나의 신경을 긁을 때… 그 신경을 긁는 걸 찍는 거지! (단순히) 꽃을 찍는 게 아니거든.

일반적으로 꽃을 촬영하고자 할 때는 꽃이 화려하게 핀 절정의 순간이나, 앞으로 필 것이 기대되는 꽃봉오리같이 어떤 밝고 희망적인 느낌으로 촬영하고자 하겠지만 오원주는 남들이 안 찍는 다음과 같은 시들어가는 꽃을 찍는다.

〈cherry blossom〉

사진을 보면 꽃은 땅바닥에 떨어져 있다. 그리고 꽃잎이 무른 것을 보면 꽃이 땅바닥에 떨어진 지 꽤나 시간이 흘렀다는 것을 알 수 있으며 힘없이 말라죽어 가고 있는 것처럼 보인다. 또한,

오원주의 흑백사진[16]의 톤은 전체적으로 어둡고 비네팅[17] 처리된 사진의 효과 때문인지 뭔가 죽음의 기운이 꽃에게 스멀스멀 다가가는 것처럼 느껴지기도 한다. 하지만 사진의 가장 밝은 부분을 자세히 보면 꽃의 암술과 수술 부분은, 오원주의 표현처럼 "야하면서도 기분 나쁘게" 자신의 "생명력"을 잃지 않고 드러내고 있다. 이처럼 오원주가 촬영한 꽃 사진은 일반적으로 볼 수 있는 꽃 사진과는 전혀 다르다.

결혼식에 가면 보통 신랑 신부 혹은 신랑 신부의 부모님이나 하객의 행복하고 밝은 모습을 사진으로 촬영하고자 할 테지만 오원주가 촬영한 사진에는 신랑 신부의 행복한 모습은 보이지 않는다. 오원주는 결혼식장에 있는 사람들의 표정 속에 눈과 입이 따로 웃는 것과 같은 "일치되지 않는 부자연스러움"이 눈에 들어오고 이를 사진으로 촬영한다.

또한, 대부분의 사람은 길을 걷다가 눈에 확 들어오는 조형물은 아마도 광고를 위해 만들어진 예쁘장한 조형물 혹은 귀여운 애완동물 등일 텐데, 오원주의 눈에는 괴기스러워 보이는 조형물이나 고통스러워 보이는 동물의 표정이 유독 눈에 들어온다.

다음 사진은 오원주가 촬영한 동물 사진 중의 하나이다.

---

16) 오원주는 주로 흑백사진으로 작업을 한다.

17) 사진의 외각이나 모서리를 어둡게 처리함으로써 관람객의 시선이 사진 밖으로 빠지지 않고 사진의 중앙으로 갈 수 있도록 돕는다.

〈Closed eyelids〉

사진 속엔 펠리컨의 한 종류로 보이는 새가 있다. 새의 큰 입 모양은 마치 웃고 있는 것처럼 보이지만 하얀색 눈동자 때문에 새의 표정은 곧 괴기스러운 웃음으로 다가온다. 그리고 비현실적인 새의 크기와 자세, 얼굴 모양 등으로 인해 사진 속의 새가 박제된 조형물처럼 보이기도 한다. 하지만 사진을 자세히 살펴보면 새의 머리 위쪽에는 하늘로 날아가지 못하도록 망이 있다는 것과 새와 카메라 사이에 철장이 있다는 것을 알 수 있는데, 이는 앞에 새가 동물원에 갇혀있는 새라는 것을 보여주는 시각적 정보이다.

이처럼 예술대학에 들어가서 21살 때부터 미친 듯이 사진을 촬영했던 오원주는 24살의 어느 날 자신이 촬영한 사진을 살펴보면서 자신이 "소리가 들리지 않는 비명"을 지르듯 사진을 촬영했다는 것을 명확히 인식하게 됐다. 그리고 자신이 "망가졌다"고 느끼게 된다.

> 오원주 : (내 사진과 작업 방식이) 일반적이지 않네? 근데 이게 무슨 의미지? 아... 내가 많이 망가졌구나... 그러니까 이제 나중에 내가 왜 그렇게, 사진을 찍었는지 이해가 되고... (사진을 통해) 그... 소리가 들리지 않는 비명을 계속해서 질렀던 거죠...

서태경과 오원주의 경험을 보고 알 수 있듯이, 자신의 스타일을 찾은 예술가들은 자신이 하고자 하는 예술을 미친 듯이 열심히 했고 학교와 외부에서 인정을 받으며 종종 전시를 해나갔다. 그리고 서태경과 오원주는 자신에게 "솔직"하고 "진솔"하게 자신의 예술작업을 지속하던 어느 날, 자신의 작업을 보면서 당혹스럽게도 "나는 너무 아팠구나" 그리고 "내가 많이 망가졌구나"와 같은, 자기 자신의 온전하지 못한 상태에 대해서 직면하게 되는 순간들을 경험하게 됐다. 그리고 이와 같은 자기 자신에 대한 인식과 직면은 계속해서 서태경과 오원주를 예술작업을 통해 자기 자신을 '탐색'하는 과정으로 이끌게 된다.

2. 탐색 : 심리적 이슈를 다루는

1) 서태경의 탐색 : "파괴" 그리고 "재창조"

서태경은 대학에 들어가서 즉흥적으로 작업을 시작하는 자신의 작업 스타일을 찾았고, 2년 동안 화산의 마그마가 분출하듯 작업을 한 뒤에, 화려하지만 울고 있는 여성의 이미지가 자신의 그림 속에 반복적으로 나오고 있다는 사실을 발견하게 됐다. 그리고 서태경은 계속해서 5년이라는 시간 동안 예술작업을 지속하면서, 자신이 그림 속 여성처럼 "겉으로는 밝지만" "눈물을 감추고 있었다"는 것을 인식하게 됐으며, 자신이 "아프다"는 것을 직면하게 됐다.

> **서태경** : (완성된 작업을 보면) 그냥 계속... 내가 있는 삶의 상황에서... 내가 느끼는 상태나 감정들을 그렸던 것 같아요. 보통 사람들은 그거를 뭐... 말로 표현할 수도 있겠지만 나는... 그냥 나라는 필터를 통해서 일단 작업을 한 다음에... (완성된 작품을 보면) 계속... 쫌... 화... 그런 어둠... 이런 게 많이 있었던 거죠. 고통... 막 이런 거...

서태경은 이제 자신이 삶에서 경험하며 느꼈지만 "표현되지 않은" "상태나 감정이" 자연스럽게 그림에 반영되어 나온다는 것을 알아차리게 됐다. 그중에서도 특히 자신의 화나 고통 같은 감정들이 그림 속에 녹아 있다는 것을 인식할 수 있었는데, 이 같은 화나 고통 같은 어두운 감정들은 서태경이 "깊이깊이" 묻어두었기 때문인지 자신도 인식하기 어려운 것들이었다.

> 서태경 : 저는 (제 삶은) 사실 되게 막... 비극이랑 되게 가까웠는데... 대학교 때는 겉으로 봤을 때는 엄청 밝음이었는데... 막 어둡고 그렇지 않았는데... 엄청 밝고 활발하고 막 친구들도 많고... 저 스스로 밝고 활동적이고 이런 사람이었는데... 근데 되게 깊이깊이... 내 안에는... 그 근간을 이루고 있던 에너지는... 되게 우울하고 폐쇄적인 것이 되게 강했어요. 항상 그거를 감추고 있었던 거죠... 나 스스로도...

서태경은 자신의 그림에서 표현되고 있는 화려한 여성처럼 대학교 때 "겉으로는 밝았고", "활동적이며", "친구들과도 잘 지냈다." 하지만 그림 속 여성이 계속해서 눈물을 흘리고 있는 것처럼 서태경은 자신이 "우울하고 폐쇄적인 것을 항상 감추고 있었으며" 누군가의 앞에서 울어본 적이 없다고 회상했다.

이처럼 서태경은 작업을 하는 과정을 통해 자신의 "모순"적인 모습을 발견하고 인식하게 되면서 겉으로는 웃고 있지만 속은 울고 있는 자신의 모습을 좀 더 명확하게 작품으로 표현할 수 있었다. 그것을 잘 보여주는 게 다음 그림이다.

〈I can't cry〉

그림을 처음 보는 순간, 그림 속 여성은 웃고 있는 것처럼 보인다. 하지만 곧이어 그림 속 여성이 거꾸로 피눈물을 흘리고 있다는 것을 알 수 있으며 이빨에는 작지만 명확하게 "I can't cry"라고 적혀있다.

서태경 : 이, 이, 이거... 거의 정말, 죽... 죽는 상황이었는데... 거의 나를 죽이고 있는 중이었는데... 근데 나는 이렇게 웃고 있는 여자를 그렸네요? 이렇게 모습은 다 웃고 있어... 그니까 엄청나게 심각한 건 엄청나게 웃긴 거다... 이런... 그, 그게 있었던 것 같아요, 약간... 그, 찰리 채플린이 그 자기 시대의 비극을 말할 때, 그 모습이 웃긴 것처럼. 근데 슬픈데 웃긴 거죠. 엄청나게 모순... 죽고 싶은데 엄청 살고 싶고. 막, 막, 근데 막 엄청 알록달록한 컬러 너무 좋아하고. 막, 그런... 꾸미는 거 좋아하구...

그리고 서태경은 이제 자신의 아픔에 근원적인 이유에 대해 탐색하기 시작한다. 서태경이 경험한 탐색의 전 과정은 두 가지로 나눠서 볼 수 있는데, 첫 번째는 자신의 경험을 돌이켜보면서 자신이 어떤 사람인지 알아보고자 했고 자신의 기억을 역순으로 거슬러 올라가며 중요했던 몇 개의 사건을 떠올리기 시작한다.

서태경이 대학교 때 겉으로는 밝았고, 활동적이며, 친구들이랑 잘 지냈던 것처럼 초, 중, 고등학교 학창 시절 역시 "활발"하고 "발표를 잘하며" 친구들의 "리더"로 "사회성이 폭발"하는 아이였다. 하지만 서태경은 학교를 들어가기 전, 자신은 원래 "말을 더듬고", "낯을 가렸으며" "부끄러움이 많았던 아이"였던 것을 기억하게 된다.

서태경 : 여섯 일곱 살... 어렸을 때 기억나는 거는... 그... 말을 좀 더듬었어요. 약간 좀 이렇게, 제가 "엄마 있잖아. 내가 오늘" 이렇게 말을 하면은, 제가 막 (말을) 더듬는 거예요. 이렇게 "어, 어, 어 그래가지고 내, 내, 내가" (이렇게) 엄마한테 얘길 하면 엄마가 항상 그거를 고치려고 했었고... (엄마가) "너 지금 말 더듬었어! 똑바로 얘기해! 매끄럽게 얘기해! 이렇게 말하는 거야!" 엄마가 말 똑바로 하는 방법, 말하는 걸 되게 훈련을 시켜줬어요.

서태경의 엄마는 말을 더듬는 자신의 딸을 "고치려고" 자기 나름의 "훈련"을 시작했다. 그리고 대부분의 아이가 그러하듯 "엄마에게 사랑받고 싶은" 마음이 컸던 서태경은 자신을 전적으로 엄마에게 맞추려고 노력했다.

서태경 : 그러니까 막 엄마의 사랑... 엄마가 시키는 대로 해서 엄마한테 사랑받고 싶고... 그런... 그랬다고요...

엄마에게 사랑받고 싶고 인정받고 싶었던 서태경은 엄마가 "시키는 대로" 말을 더듬지 않고 매끄럽고 똑바로 하고 싶어서 "여섯 일곱 살" 아이가 할 수 있는 최선의 노력을 다했다. 하지만 말을 더듬는 것은 좀처럼 고쳐지지 않았고, 그런 상태에서 초등학교에 들어간 서태경은 말을 더듬는 자신이 부끄러웠는지 결국 학교에서 "말을 하지 않게 되었다."

서태경 : 초등학교 갔을 때, 처음 1년은 제가 낯도 되게 많이 가리고... 진짜 사회성이 떨어졌던... 제가 학교에서 정말 말을 안 했던 것 같아요. 발표시키면 한마디도 못 하고 그런 학생이었는데... 선생님이 발표시키면 일어나서 아무 말도 안 해 (책으로 얼굴을 가리고 어깨를 들어 올리는 구부정한 자세로). 내 귀에만 들리도록 얘기해. 그러면 선생님이 "어, 그래 앉아" 다른 애 시키고. 그러니까 나는, 그러니까... 부끄러움이 엄청 많아요...

초등학교 1학년 때 "낯을 많이 가리고" "부끄러움이 많았으며" "사회성이 떨어졌던" 서태경은 선생님이 자신에게 발표를 시킬 때면, 자리에서 일어나기는 했지만 책에 얼굴을 파묻고 자신에게만 들릴 정도로 작은 목소리를 내어 발표하곤 했다. 그러다 서태경의 엄마는 자신의 아이가 학교에서 어떻게 생활을 하고 있는지 듣게 되었고, 더욱더 열심히 서태경을 자신만의 방법으로 "교육"하기 시작했다.

서태경 : 엄마가 어떤... 어떻게 교육을 이렇게 시켰던 거 같은데... 엄마는 나를 되게 똑똑하게 하고 싶었겠죠? 엄마가 "학교에서 선생님이 발표시키면, 네가 손 들어서 저요! 제가 할게요! 이렇게 하는 거야! 자신감 있게!" 막 이거를 훈련을 시켰어요. 그거를 (집에서) 연습했어요.

보통의 엄마들처럼 서태경의 엄마도 자신의 아이가 잘되기를 바라는 마음에서 자식 교육을 했을 수도 있다. 하지만 서태경이 느끼기에 엄마는 아마도 "주변 사람들한테 보이는 게" 더 중요한 사람인 것 같다.

서태경 : 우리 엄마, 겉으로는 나이스하고 밖으로 보여지는, 그런 게 중요하게 생각했다고 생각해. 그런데 (엄마는) 집에서는 상스러운 욕을 많이 해요. 그런 대비되는 가정환경에서 저는 살았어요. 근데. 그, 그니까, 내가 잘할 때는 괜찮지만, 못하면, 엄마가 나한테 그런 (상스러운) 욕을 나한테 하는 거죠.

서태경은 자신이 그토록 사랑받고 싶은 존재인 엄마에게 얼마나 지속적으로 욕을 먹으며 훈련과 교육을 받았을까? 그렇게 "항상" 엄마가 원하는 대로 "자신을 바꾸고 싶었던" 아이는 스스로를 "해치는" 행동을 하기 시작한다.

서태경 : 그러니까 (왜 그랬는지 모르겠지만) 막, 좀, 약간 나를 해치는 거 있잖아요. 약간. 약간... 그냥, 어렸을 때 그... 책받침으로... (잇몸) 사이에 넣어가지고 잇몸을 다 잘라서 피나면 '아... 좋아...' 막 이렇게 하는 행동들이 좀 있었어요.

그리고 초등학교 2학년이 되면서 서태경은 엄마가 원하는 대로, 더 이상 낯을 가리지 않고 "사회성 폭발"하는 아이로 "변신"을 하게 된다.

> 서태경 : (초등학교) 2학년 때부터는 진짜 활발하고. 발표하고. 막 리더가 되고. 막 이런 거에 서슴지 않은 학생이 되었어요. 그 계기는 기억이 안 나요. 근데 어쨌든 그 되게… 그… 어… 사회성이 떨어지는 애가 갑자기 정말 사회성 막 폭발하는 애로 변신했던 거는 기억나요. 그 어떤… 그… 계기는 모르겠어요. 어떤 일이 발생했는지…

서태경은 자신이 "갑자기" 사회성이 폭발하는 아이로 변신하게 된 계기는 모르겠다고 얘기한다. 단지 엄마의 교육을 받고 난 뒤 자신이 변했다고만 인식을 하고 있다.

> 서태경 : 약간 어머니 교육… 항상… 어떤 사회성 떨어지는 내 자아를 되게 많이 바꾸려고… 되게, 완전, 항상… 어쨌든 그 되게… 그… 어… 그 뒤로… 교육을 받고 나서는 (초등학교) 2학년 때부터는 완전 다른 사람이 됐어요. 항상 (선생님이) "발표할 사람?" 그러면 탁 (엄마에게 배운 대로 팔을 귀에 붙여서) "저요! 제가 읽겠습니다!" 손들고. 온통 또박또박 크게 읽어. 완전 다른 기질의 사람… 2학년 때부터는 그렇게 갑자기 변했어요.

이처럼 서태경의 엄마는 자신이 원하는 대로 아이가 변할 때까지 지독히 훈련을 시켰고 서태경은 결국 학교에서 발표를 잘 하고 활발하며 사회성이 좋은, 또래 아이들의 리더가 되었다. 그리고 계속해서 중고등학생 때도 "착한 학생이어야 된다"는 엄마의 요구를 "강박"적으로 지키며 모범적인 아이로 살았다.

그리고 서태경은 자신이 언제부터, 그리고 어떤 계기로 말을 더듬기 시작했는지 궁금해지기 시작했다.

또한, 왜 그렇게 엄마의 사랑을 받기 위해서 노력을 했는지도 궁금해지기 시작한다. 이러한 질문을 가지고 자신의 과거를 더 탐색해 나가다 보니, 서태경은 자신이 기억하지 못하는 유아 때의 이야기와 연결이 되면서, 자신이 왜 항상 엄마가 떠날지도 모른다는 두려움과 불안감을 가지고 있었는지를 이해하게 된다.

서태경의 엄마 아빠는 하루가 멀다고 싸웠고, 싸움이 좀 커지면 갓난쟁이인 서태경을 종종 할머니 집이나 친척 집, 혹은 친구 집에, 길게는 일주일 이상 "버려두고 왔다"고 한다.

> **서태경** : 어... 어... 그 어렸을 때 엄마 아빠가. 내가 애기 때(도), 엄마 아빠가 자주 싸웠는데... 나를 할머니 댁에, 나를 그냥 버려두고, 놔두고 온 거예요. 그랬더니, 갑자기 아기가 인제 엄마랑 떨어졌겠죠? 아, 그런... 항상 (일상에서) 엄마가 나를 버리고 갈까 봐 두려움이... 엄청나게 무서웠다는 거... 극한으로... 죽을 것 같이 무서웠다는 거... 어... 그래서 나는, 엄마가 아빠랑 싸우고 엄마가 화가 나

고, 엄마가 슬프고 막 이러면 내 마음이 막 죽을 것 같은 느낌이 들었다구…

서태경의 부모는 계속해서 집의 문이나 물건이 부서지는 수준의 폭력적인 싸움을 지속적으로 그리고 빈번하게 했다. 그리고 부모님이 싸울 때마다 서태경은 엄마의 화나 슬픔을 보았고 엄마가 나를 버리고 갈까 봐 두렵고 무서운 마음에 가슴이 조여들어 "죽을 것 같은 느낌이 들었다." 이처럼 서태경은 갓난쟁이 때부터 지속적으로 "엄마가 나를 버리고 갈 수도 있다"라는 두려움을 뿌리 깊게 느껴왔다.

그리고 서태경은 부모님이 언제부터 사이가 좋지 않았는지 궁금했는데 이와 관련된 내용은 엄마에게서 들을 수 있었다. 서태경의 부모님은 서태경이 태어나기 전부터 사이가 좋지 않았다고 한다. 장남에 외동아들인 아버지는 아들을 낳아야 되는 상황이었는데 첫째 아이는 딸이었다.

자식을 두 명 낳을 계획이었던 엄마는 둘째인 서태경을 임신한 걸 알고 너무 걱정돼서 혼자 병원에 가서 아이의 성별을 확인했다. 그런데 병원에서는 "딸이라고 수술을 하려면 빨리해야 한다"고 했다. 하지만 서태경의 엄마는 수술을 하지 않았고, 둘째가 딸이라는 사실을 아무에게도 말하지 않았다. 그렇지만 막상 둘째가 태어나고 서태경이 딸이라는 게 세상에 밝혀지는 순간, 남편은 출산을 축하해주러 병원에 오지 않았고 할머니 할

아버지에겐 문전 박대를 당하면서 서태경의 엄마는 지독히 "외로웠다"고 한다.

서태경 : 내가 태어나고, (내가) 딸이라는 게 세상에 밝혀지는 순간, 아빠도 병원에 안 왔대요. 엄마가 그래서 나를 낳고... 내, 그, 그, 나를 낳고... 그 병원에 있는 상황에서 진짜 외로웠대요. 외로웠다고... 그러면서... 그리고 나를 애기 때, 낳아서 할머니 집에, 어쨌든 자식이라고 보여주려고 하니까 할머니랑 할아버지가 "뭐 쓰잘데기 없는 딸을 낳았다"라고 들어오지도 말라고 했었대요.

이렇게 서태경은 태어나자마자 자신이 아들이 아니기 때문에 받는 푸대접과 자신의 존재를 거부 받는 느낌을 이곳저곳에서 지속적으로 받게 된다.

이러한 상황에서 서태경은 유치원에 들어갈 때까지 엄마에게 남자아이로 키워졌다. 아마도 남자아이를 원하는 집안의 분위기 때문에 엄마가 그랬을 테지만, 얼마나 남자아이처럼 키워진 건지 가까운 이웃들도 서태경이 남자아이인 줄 알았고, 심지어 서태경 자신도 스스로가 "남자인지 여자인지 모를" 정도였다. 그래서 유치원에서 남자애들이 서서 오줌을 싸는 것을 본 서태경은 남자애들처럼 서서 오줌을 싸 보기도 했다.

서태경 : 나는 사실, 나라는 걸 인지할 때 '남자다, 여자다'라는 이

런 인식이 없었던 것 같아요. 그러니까 내가 태어나 보니 내 몸, 몸이, 내가 여자잖아요. 그래서 여자라는 게 뭔데? 그래서 뭐? 뭐가 다른 거지? 남자랑? 그러니까 여섯 살 때 이전 사진을 보면, 언니는 완전 공주 옷이고 나는 남자애예요. (엄마가 나는) 남자애 옷 입히고. 남자애 운동화 신기고. 남자애 머리하고. 그래서 누가 보면 '아이고, 딸 하나, 아들 하나 정말 그림같이 낳았네.' 막 이렇게. (그리고) 다, 가까운 이웃들도, 내가 유치원 들어갈 때까지 내가 남자앤 줄 알았대요.

그러던 어느 날 서태경의 엄마는 셋째 아이를 계획했고 남자아이처럼 키우던 서태경을 여자아이로 키우기 시작했다. 그리고 그즈음부터 서태경은, 앞에서 살펴봤듯이, 갑자기 말을 더듬기 시작한다.

이처럼 자신의 상태와 아픔의 이유를 뿌리 깊이 이해를 하게 된 서태경은 이제 다른 차원의 탐색을 하기 시작한다. 즉, 어렸을 때부터 엄마의 영향으로부터 형성된 자신을 변화시키기 위해서 예술작업을 통해 자신의 모습을 "파괴"하기 시작한다.[18]

서태경 : 어떤… 굉장히 논리적인 상은 아닌데. 그래도 뭐 사람이 있고… 뭐 피 흘리고, 뭐 동물이 있고 그런… 어떤 그런

18) 서태경은 엄마와의 일화 외에도 삶의 '다양한 상처'를 가지고 있다. 하지만 나는 서태경의 가장 근본적인 상처로 볼 수 있는, 엄마와의 일화를 중심으로 본문을 구성하였다.

> 배경의, 어떤 공간에... 형상들이 막 있었던 …(중략)… 주로 다 여성의 몸이 잘려진 거, 파괴된 거. 그런 형태들이었어요. 여자의 몸을... 여자를 먼저 그리고, 뭐 전신이든, 상체든, 하체든 어떤 여성의 몸이 하나 그려지면 그거를 다 파괴하는 형식의... 그냥 몸 하체 상체 반 토막 내고... 팔 자르고, 잘리고, 도려내고, 내장 다 튀어나오고... 뭐 눈 파고, 혀 자르고, 막 뇌 꺼내고. 막 이런 거를 다 했던 거 같아요. 그게... 신체를 가지고... 파괴하는 짓은 다 한 거 같아요.

다음에 나오는 그림들은 파괴된 여성의 몸을 볼 수 있도록 서태경의 작품을 선택하여 제시한 것이다. 하나하나의 그림이 어떤 상황인지 정확히는 모르겠지만 그림 속에 "여성"이 있다는 것만은 명확히 보인다. 이렇게 작품을 선택한 이유는, 사람의 형상이 어느 정도 쉽게 확인되는 것에서부터 시작해서 점차 사람의 형상이 해체되는 방식으로 서태경이 작업을 해왔기 때문이다.

〈untitled〉

첫 번째 그림은 정면을 응시하고 있는 인물의 얼굴과 반 토막으로 잘린 허리가 가장 먼저 눈에 들어온다. 그리고 추상적인 배경 속에 여성이 포즈를 취한 것 같은 자세로 있으며 상반신 등에 피가 튀기고 있다는 것을 알 수 있다. 또한, 빨간색 줄 무늬 선으로 구성되어있는 막대사탕의 모양이 머리를 관통하고 있으며, 비교적 사실적으로 그려져 있는 손의 부분이 보인다.

〈untitled〉

두 번째 그림은 여성이 피눈물을 흘리고 있으며, 마치 얼음이나 액체가 흘러내리듯이 몸의 형태가 녹아내리고 있는 것을 볼 수 있다. 그리고 배경에는 의미를 알 수 없는 선과 도형 그리고 빨간색 바탕에 검은 점의 무늬가 보이며, 복잡한 기계로 표현된 심장 그리고 오른쪽에는 뿔이 달린 어떤 동물의 형태가 보인다.

조금 더 자신을 해체하는 서태경의 그림 작업을 살펴보겠다.

〈untitled〉

세 번째 그림에도 다양한 것이 보이지만, 먼저 어떤 3차원으로 구성된 공간 안에 가슴에서 피를 흘리고 있는 여성의 상반신이 있다는 것을 알 수 있다. 그리고 그 외에도 인물의 주변에는 사람의 손으로 보이는 형태와 뱀이나 악어 같은 동물들 그리고 해변에 누워있는 것 같은 두 명의 인물과 지붕이 불타고 있는 집과 화려한 깃털을 가지고 있는 새 등이 조그맣게 보인다.

서태경은 대형 페인팅, 그림 작업 외에도 다양한 드로잉으로 자신의 파괴적인 에너지를 표현했다.

〈camucamu , 살로메〉

앞의 그림은 서태경이 자신의 머릿속에 떠오르는 이미지나 충동 그리고 느낌을 재빨리 그려내는 수많은 드로잉 중의 하나이다. 그림 속에 보이는 여성은 서태경이 투영된 모습이며, 칼을 들지 않은 다른 손에는 타인, 혹은 자신을 해체한 뒤에 잘린 머리가 들려있다.

이처럼 서태경은 한동안 예술작업을 통해 자신의 파괴적인 에너지를 분출해나갔다. 그리고 서태경은 이 시기에 자신 안에 있는 무엇인가를 예술작업을 통해 "안 꺼내면 죽을 것 같은 느낌"이 들었다고 이야기했다.

> **서태경** : '(작업을 통해) 이거 안 꺼내면 죽을 것 같은 느낌이었구나…' 뭔가 막 이런 생각이 들구. (그림으로) 내가 나를 몇 번… 많이 죽였구나…

서태경은 "대부분의 사람이 이해하기 어려운" 파괴적인 그림 작업을 지속해나가면서 더욱 극한적으로 자신의 내장과 뇌를 꺼내는 것처럼 보이는 실험적인 퍼포먼스로 전시를 하기 시작했다. 그리고 서태경은 자신의 실험적인 퍼포먼스에 관심을 가진 "한 사람"을 만나게 됐고, 그 사람은 서태경에게 "몸의 사운드 퍼포먼스"를 함께 만들어보자고 제안했다.

그래서 서태경은 퍼포먼스 작업으로 뭐가 어떻게 나올지 모르지만, 음악 연습실을 빌려 일주일에 한 번씩, 몇 달 동안 그 사람과 다양한 작업적 시도를 해보면서 자신의 퍼포먼스를 구체화해 나갔다. 이때 서태경은 자신의 폭력성을 퍼포먼스로 다양하게 표현을 할 수 있었고, 그것을 같이 작업한 한 사람과 찐하게 "소통"하는 경험을 하게 되는데, 이것은 서태경에게 큰 "힘"이 됐다.

서태경 : 이 힘이면 나 살 수 있어! 그리고 일주일, 이주일 살아내고. 막, 해내고. 아, 그러면, 이런 걸 소통할 수 있는 세계가 있고, 나라는 사람이 죽지 않고도 살 수 있어! 이 예술이라는 세계에서, 어! (난) 쓸모가 없지 않아!

그리고 이때 만든 실험적인 퍼포먼스로 서태경은 해외에서 전시를 할 수 있는 기회가 찾아왔다.

서태경 : (해외 전시에서) 내 작업을 온전히 펼칠 수 있는 상황이 됐어요. 그게, 내가, 진짜, 그 퍼포먼스 작업이 내가 진짜 외롭고 힘들어서, 혼자 저 연남동에서 정말 으에엑! 소주 마시면서 만들었던 작업이었는데, 거기서 (해외 갤러리에서 퍼포먼스를) 하고 있었는데, 그 사람들이 놀랍다고! 되게, 막, 되게, 막 이야기 나누고. "너 대체 어디서 온 애니?" 이러면서 많은 사람이랑 작업 얘기하는데, 정말… 어… 이거 뭐지? 나 이 작업 정말 쓸쓸하게 만든 작업이었는데… 이 먼 땅 덩어리에서 내가 이걸 할 줄 누가 알았겠어요!

서태경의 내장과 뇌를 꺼내는 것처럼 보이는 실험적인 퍼포먼스는 해외에서 호평을 받았고, 퍼포먼스를 본 관람객들의 너무나 호의적인 반응에 서태경은 어안이 벙벙했다.

그리고 서태경은 이때 자신을 전적으로 이해해주고 사랑해주는 남편을 만나게 되면서 삶에서 처음으로 안정적인 관계를 경험하게 되었고, 이 시기를 전후로 서태경의 그림 작업이 변화하기 시작했다. 아마도 자신의 감정이나 폭력성을 퍼포먼스 작업 등으로 충분히 그리고 안전하게 분출했고, 자신의 예술작업으로 타인과 소통되는 경험을 했으며, 남편과 새로운 안정적인 관계를 시작했다는 요소가 복합적으로 작용하여 서태경의 심리적인 상태와 그림을 변화시킨 것으로 보인다.

지금도 그림을 즉흥적으로 그리기 시작하는 것은 똑같지만, 이제 서태경의 그림에는 더 이상 구체적인 인물의 형태를 찾아볼 수는 없었다.

서태경 : (이제) 내가 그림을 그린다고 했을 때는. 그림 안에서 이제 뭔가 음… (3초 침묵) 그… 도달하고 싶은 에너지의 상태가 있죠. 그, 어떻게 말로 설명해야 할지 모르겠는데… 그 상태까지 이르기까지 계속 이어나가는 거예요. 이미지를 쌓으면서. 그 레이어를 쌓으면서. 처음 레이어가 다음 레이어에 영향을 주고, 그다음 레이어가 다음 레이어에 영향을 주고. 그 관계들을 계속 살피는 거예요.

다음 그림은 서태경이 자신을 파괴하고 해체하는 작업을 7년 동안 절절하게 한 뒤에 새롭게 나온 스타일의 그림이다.

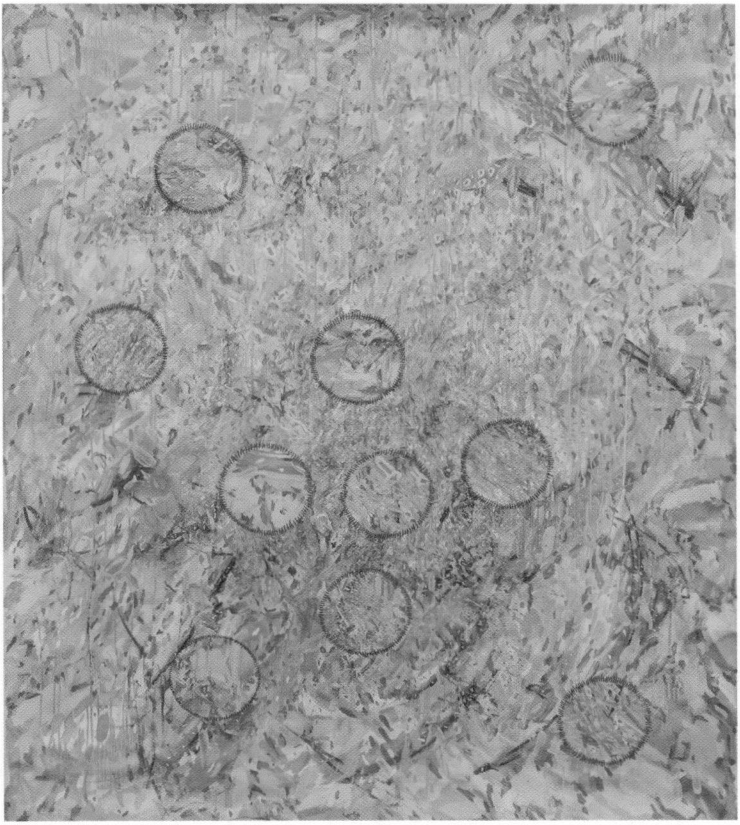

〈untitled〉

이제 서태경의 아픔은 형태가 완전히 해체되어 다양한 색깔의 붓의 터치로써 표현되기 시작했다. 서태경이 겪은 삶에 대한 느낌 때문인지 그림에는 유독 빨간색이 강렬하고, 많이 보이는 것 같다. 하지만 그림 안에는 파란색과 초록 그리고 노란색 등 수많은 색이 다양하게 혼재해있으며 중간중간 동그란 형태가 보인다. 이처럼 다양한 색깔과 붓의 터치로써 자신이 경험한 삶이 어느 정도 표현이 되었다고 느껴지면, 서태경은 "소중하게 쌓아온" 자신의 그림을 "재창조"하기 위해 가위로 "오려내고" "꿰매기" 시작한다.

> 서태경 : 약간 오려내는 행위를 하면서… 그 위치를 바꿔서 다시 꿰매면서… 다시 재발견을 하고 재창조를 하는 시간… 그게 다시 만나는… 그게 '파괴돼서 죽었어'가 아니라 '파괴됐는데 더 다른 모양으로 새롭게 태어났어'라는 새로운 의미를 주고 싶은 것 같아요.

앞의 그림을 잘 살펴보면 흩어져있는 색깔 외에 빨간색 동그란 선을 여러 개 볼 수 있는데, 이 동그란 선은 서태경이 완성한 자신의 그림을 오려내고 꿰매는 행위를 하면서 생겨난 것이다. 자신이 그린 그림을 가위로 동그랗게 오려내는 행위가 지금까지 서태경이 해왔던, 자신을 파괴하는 작업과 비슷하게 느껴질 수도 있겠지만 서태경은 더 이상 "자신을 죽이고 싶어서 작업을 하는 것이 아니다." 서태경은 자신이 경험한 삶의 느낌을 추상적인 그림으로 표현하고, 완성되어진 그림을 오려내어 파괴한 뒤, 위치를 바꿔 다시 꿰매는 행위를 함으로써 자신의 삶의 경험을 “새롭게” 바라보고자 하였다.

다음 그림은 동그란 부분을 확대한 이미지이다.

〈untitled〉 부분 확대

서태경이 새롭게 그리기 시작한 그림을 좀 더 자세히 확대해서 보면, 동글한 부분이 그림으로 그려진 것이 아니라 빨간색 실로 꿰매져 있다는 것을 알 수 있다. 나에겐 이 부분이 마치 수술을 하고 난 뒤 봉합한 자국처럼 보인다.

이처럼 예술작업을 통해 자기 삶의 경험을 파괴하고 자신의 삶을 새롭게 바라보는 노력을 하던 서태경은 어느 순간 엄마가 자신을 사랑했기에 낙태를 하지 않았다고 느끼게 된다.

> **서태경** : 그래도 우리 엄, 엄마가 낙태하지 않고 날 살려준, 어쨌든 날 살려준 최초의 사람이잖아요? 나… 같았으면 낙태할 수 있었을 것 같애… 그렇죠? 나, 난, 진짜 애를 키울 자신이 없거든요. 정말… 정말… 근데, 그래서 난 우리 엄마도 미워할 수 없고… 한편으로 엄청 엄마를 미워하는 마음도 있지만… 너무 사랑하는 마음도 있고… 이게 한 사람인데… (다양한) 내가, (내 안에) 같이 있다는 거. 이거를 그냥 받아들이고 나니까, 다른 사람도 훨씬 수월하게 이해가 되는 거… 그런 것 같아요.

서태경은 지금까지 자신이 엄마를 "미워하는 마음"과 엄마를 "사랑하는 마음" 둘 다가 있는 것이 자신이 "분열"돼서 그렇다고 생각하며, 자신의 상태를 부정적으로 느끼고 있었다. 하지만 지금은 엄마에 대한 자신의 마음이 극단적으로 두 가지 다 있다는 것을 "그럴 수 있다"라고 조금씩 받아들이고 있다. 그러자 지금까지 "원망"했으며 "고통스럽게" 바라봤던 자기 삶의 경험을 점점 긍정적으로 볼 수 있는 힘이 생겼고, 관점이 확장되어, 자신의 부모님이나 삶의 많은 상황이 고통스럽기도 하지만 "감사함"도 느낄 수 있게 되었다.

서태경 : 나는 꿈틀, 꿈틀, 꿈틀 속에서, 뭐, 막, 내가 관찰하고 보고 느끼고 하는 이게 너무 재밌어요. 나는 내가 나인 게 너무 재밌어요. 그래서 나는 이런 내 캐릭터를 만들어준 엄마 아빠의 유전자, 환경, 상황, 또 나의 그런 여러 가지의 선택들... '나는 정말 럭키구나' 이렇게 생각해. 그래서 지금 내가 일으키는 호기심, 재미? 그게 너무 기대가 되고. 너무 모든, 그 과정이 너무 아름다울 것 같고. 힘들다 하더라도 즐거울 것 같고. 지금은 되게 많이, 많이, 이렇게 되게 많이 열려져 있는 상태인 것 같아요. 그래서 이 상태... 가... 이 상태가 너무 감사해요! 감사해요! 너무 감사해요!

2) 오원주의 탐색 : "폭력" 그리고 가족애

오원주는 일상에서 카메라를 "항상" 가지고 다니면서, 자신에게 불편한 감각이 느껴질 때마다 사진을 촬영하는 스타일로 4년 동안 "미친 듯이" 사진을 촬영했다. 그리고 몇 개의 작업을 정리해 나가면서 자신이 촬영한 사진을 계속해서 보다 보니, 자신이 징그럽거나 시들어가는 꽃 그리고 사람들의 거칠거나 부자연스러운 모습 혹은 괴기스러운 조형물이나 고통스러워 보이는 동물 같은, 어두운 이미지가 "패턴"처럼 반복되고 있다는 것을 발견하게 됐다. 그리고 이러한 패턴을 인식하게 된 오원주는 곧이어 자신이 "망가졌다"라는 것을 직면하게 됐다.

서태경이 자신이 "아프다"는 것을 직면한 후 자신의 아픔의 원인을 오랫동안 탐색해 나간 것과는 달리, 오원주의 아픔은 너무나도 선명해서 바로 자신의 "트라우마"가 떠올랐다.

오원주의 첫 기억은 늦은 저녁 오원주가 어디로도 피할 수 없는 단칸방에서 아버지가 어머니를 주먹과 발바닥으로 구타하여 피를 흘리고 있는 장면이다. 네 살배기였던 오원주가 이때 할 수 있는 것은 누군가가 나타나서 엄마를 구해주길 간절히 바라는 것밖에는 없었는데, 그때 주인집 창문에 불이 켜지는 것을 봤고, '이제 누군가 구해주러 올 것이다'라는 희망을 가질 수 있었다. 하지만 그것도 잠시, 주인집 창문의 불은 무심하게 꺼져버렸고, 누군가 도와주러 올 것이라는 오원주의 희망도 어둠 속으로 사라져 버렸다. 이제 오원주가 할 수 있는 것은 숨을 죽이고 이 "지옥 같은 상황이" 끝나기만을 기다리는 것뿐이었다.

그러다 오원주는 집안 물건을 부수던 아버지와 눈이 마주쳤고, 순간 "압도적인 공포"를 느끼며 "나는 이대로 죽는다"는 본능적인 감촉에 전신이 마비되는 느낌을 받았다. 그리고 왜인지는 모르겠지만 오원주과 눈이 마주친 아버지는 집 밖으로 나갔다. 그리고 잠시 후, 어머니는 "금붕어처럼 뭉개진 얼굴"과 "축 처진 몸"을 추스르고 노란색 장판에 뿌려져 있는 자신의 "붉은 피"를 묵묵히 닦았다.

이처럼 아버지가 술을 먹고 집에 돌아와 주사를 부리며 폭력을 행사하면, 어머니는 그저 아버지의 폭력에 속수무책으로 당하시기만 하는 상황은 오원주가 성인이 되어서도 크게 변하지 않고 "반복되었다."

자신의 트라우마와 작업이 연결되어 있다는 것을 인식하게 된 오원주는 이제 일상 속에서 무엇인가를 봤을 때, 자신이 어렸을 때부터 "느껴왔던" 공포나 무기력 그리고 슬픔 등의 감정이 내면에서 "올라오는 것"을 느낄 수 있었고 이럴 때마다 사진을 촬영했다.

오원주 : 사진이라고 하는 방법론을 사용하고 있는 사람으로서 저는 촬영이 힘들지가 않아요... 그저... '내가 느꼈던 것을 표현하고 싶다'라고 무언가가 이렇게 올라올 때, 모든 기술적인 부분에 대해서는 아무 생각이 안 나요. 그냥 저절로... 그냥 움직여요. 그러니까, 그냥 진짜 숨 쉬는 것처럼 찍어요. 어... 어떤 종류의 (과) 부하가 안 걸려요.

오원주는 일상 속에서, 마치 "숨을 쉬는 것처럼" 자동적이고 자연스럽게 사진을 촬영하고 있었다.

그리고 오원주는 자신의 트라우마와 관련된 많은 사진을 어쩔 수 없이 셀렉해야 되는 상황에 놓이게 된다. 사진을 촬영한 뒤에 촬영된 사진을 선택하는 행위를 “셀렉”이라고 한다. 사진 촬영을 많이 하다 보면 좋은 사진이 나올 수 있는 가능성이 당연히 높아지지만, 내가 좋은 사진을 촬영했더라도 사진을 선택할 때, ‘좋은 사진’을 알아보지 못하고 셀렉하지 않는다면, 그 좋은 사진은 그냥 어둠 속에 묻혀버리게 된다. 그래서 사진을 하는 사람들은 사진을 촬영하는 것만큼 사진을 셀렉하는 과정을 중요하게 생각하는 것이다.

그런데 오원주의 경우, 사진을 셀렉할 때 특히나 더 어려움을 느낄 수밖에 없다. 왜냐하면 오원주의 사진 셀렉은 비슷한 사진 중에 어떤 게 더 좋은 사진인지 고르는 방식이 아니라, 자신의 트라우마와 관련된 사진을 정면으로 보는 것이기 때문이다.

사진은 너무나도 생생한 이미지의 작용 때문에, 이미지의 연상 작용으로 인해, 자칫 재 트라우마[19]가 될 가능성이 다분하다. 그래서 오원주에게 사진을 셀렉하는 과정은 마치 “자살하는 것과 비슷한” 감각으로 느껴진다.

> 오원주 : 작업할 때 셀렉하는 거는 자살… 하는 거 하고 비슷해요… (14초 침묵) 정신적인 자살을 계속해 나가는 거예

19) 재-트라우마란 특정한 자극이 촉발요인이 되어, 과거 경험했던 상황이나 감정을 심리적으로 다시 느끼는 것을 말한다.

요… 그 정도의 요구… 그 정도의 것을 요구해요. 걔가… 그렇지 않으면 셀렉 조차도 안 돼요…

이처럼 오원주에게 있어 사진을 촬영하는 행위는 숨을 쉬는 것처럼 자동적이고 자연스러웠지만, 사진을 셀렉하는 행위는 자신의 상처를 들쑤시기 때문에 계속해서 자살을 하는 것처럼 고통스러웠다. 심지어 오원주는 사진을 셀렉하다가 "구토"할 때도 있었다.

오원주 : 이제 특정 사진을 보면… 지금도 헛구역질을 해요… 토하기도 해요… 이제 일련의 그 사건들(이)… 이제 트라우마가 된 거니깐… 뭐… 뭐 당연히 이제 뇌가 기겁을 하는 거죠… 어… 그러니깐 헛구역질(이) 나오고… 막 토하고… '도망가라 새끼야' 이러면서… 살려고 그러는 거니깐… 뭐… 뇌가 내 마음대로 되나…

오원주는 자신이 촬영한 사진 중 어머니와 관련된 "특정 사진"들을 보면 어렸을 때 겪었던 트라우마가 생생하게 떠올랐다. 그래서 오원주의 "뇌"는 "살기 위해" 자동적으로 사진을 보지 말라고, "도망가라고" 오원주에게 구토라는 신호를 보내고 있던 것이다. 그래서 나는 사진을 셀렉한 뒤에 오원주의 상태가 어떨지 걱정됐다.

한기현 : 셀렉하는 과정을 하고 나면 좀 어떠세요?

오원주 : 하… (깊은 한숨) (21초 침묵) 지금 제 표정 같은 기분… (눈물과 많은 감정을 머금고 있지만 어떻게 하지 못하는 슬픔이 가득 찬 것처럼 보인다).

내가 생생하게 몸과 마음으로 본 오원주의 표정과 그가 풍기는 느낌을 어떻게 언어로써 충분히 전달할 수 있을까! 언어의 한계를 품고 최대한 노력을 해보면, 복잡 미묘하고도 깊은 감정을 다양하게 머금고 있지만 어떻게 하지 못하는 슬픔으로 가득 찬 것처럼 보였다.

이처럼 트라우마와 관련된 사진을 보는 것은 무의식적인 몸의 반응이 올라올 정도로 고통스러웠지만, 어찌 된 영문인지 오원주는 예술작업을 계속해서 하고자 하는 "의지"가 더 강했고, 사진 작업을 통해서 자신의 "상처"를 계속해서 "정면으로 바라보고자" 했다.

오원주 : (사진 작업을 한다는 것은) 눈을 돌리는 게 아니라, 더 정면으로 바라보는 거예요. 이거를 (트라우마에서) 도망치지 말고 정면으로 봐야 하는… 극심한 고통, 상처가 철철 나는데 거기다가 소금 뿌리고 헤집는 거 하고 똑같아서… 정면으로 바라보는 건 언제나 고통스럽죠… (근데) 사진이 좋은 것 중의 하나가 어쨌든 그거에 대해서 작업을 하려면 봐야 해. 안 보면 작업 자체가 성립이 안 돼! 무

조건 봐야 해! 못 보면 그걸로 끝이야! 하... 이게 훌륭한 점이고 잔인한 점이죠.

우리가 앞에서 살펴봐서 알고 있듯이 오원주의 작업방식은 특정한 대상이나 사물을 정해놓고 사진을 촬영하는 것이 아니라, 삶에서 마주하는 어떤 순간이나 장면이 자신에게 "의미 있게 다가올 때" 순간적으로 셔터를 눌러 사진을 촬영하는 것이다. 그래서 오원주의 사진을 처음 보면 이것저것 다양한 사진이 있는 것처럼 보이지만, 나는 오원주가 경험한 트라우마와 관련해서 오원주의 작업을 볼 수 있었고, 그가 20년 이상 해온 사진 작업을 반복적으로 보면서 그의 사진을 크게 두 가지 맥락으로 구분해 볼 수 있었다.

하나는 오원주가 경험한 "가정폭력"과 관련된 사진이고 다른 하나는 오원주가 경험한 "감정"과 관련된 사진이다. 먼저 오원주가 경험한 가정폭력과 관련된 사진을 살펴보겠다.

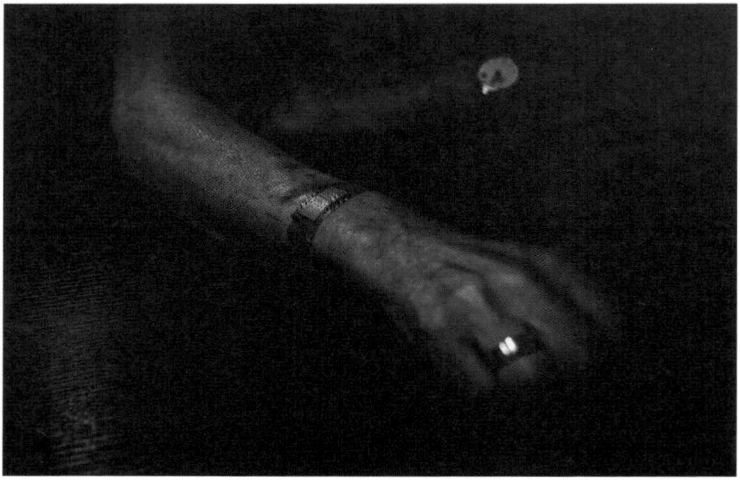

〈a sick mother. 50m〉

양쪽의 두 사진은 얼핏 보면 비슷한 구도와 비슷한 구성으로 촬영된 것 같다. 하지만 왼쪽 사진은 "결혼반지"를 끼고 있으며 상처와 반창고가 붙어있는 "뼈만 남은 앙상한 팔"이며, 오른쪽 사진은 폭력을 행사하는 주먹이라는 어마어마한 차이가 있다. 그리고 오원주에게는 피가 묻은 아버지의 발바닥, 혈흔처럼 보이는 액체 그리고 칼 등 직접적으로 폭력과 관련된 이미지들이 있었다.

첫 번째로 오원주의 사진을 가정폭력과 관련된 사진으로 구분해봤다면 두 번째는 자신의 과거 트라우마로부터 경험된 오원주의 상태나 감정이 형상화된 사진이다. 자신이 촬영한 사진이 자신이 경험한 트라우마와 관련된 사진이라는 것을 인식한

〈He is virtue and quiet〉

오원주는, 자신이 촬영한 모든 사진이 자기 자신을 가리키는 "셀프 포트레이트(self portrait)"라는 생각을 하게 된다.[20)]

오원주 : 이제 이거를 (내 작업을) 보는 사람도 비슷한 기분이나 감정을 느낄 수 있게 추가적으로 오랫동안 연마한 그런 계산적인 부분, 기술적인 부분, 정서적이고 심리적인 부분들을 이제 양념을 쳐서, 약을 쳐서, 이렇게 어느 정도 이런 분위기를 좀 만드는 거는 있겠죠. 어쨌든 단순히 컵을 찍어도 컵을 찍는 게 아니고 기본적으로 나를 찍는 거

20) 오원주가 말하는 "셀프 포트레이트"는 심리학에서 얘기하는 투사의 개념과 유사하며 켄 윌버는 〈무경계〉에서 "소위 '보는자'란 '보여진 사물'들과 전혀 다르지 않다"라고 언급했다.

죠. 그러니까 저한테 있어서는 모든 사진이 다 셀프-포트레이트죠.

다음 사진도 역시 오원주의 셀프 포트레이트 중에 하나이다.

〈PolyPhony. 28〉

앞의 사진 속엔 다양한 마네킹의 얼굴이 있지만 우리는 오원주가 주목하는 것처럼 사진을 정면으로 응시하고 있고, 색이 좀 더 밝은, 가운데 마네킹에 먼저 눈이 갈 수밖에 없다. 그리고 이 주인공 마네킹을 바라보다 보면 곧 다른 마네킹들과는 다르게 얼굴과 목에 피나 상처처럼 보이는 어떤 흔적들이 있다는 것을 알 수 있다. 이처럼 상처가 있고 눈에 초점이 없으며 슬프면서도 공허하고 무감각해진 표정으로 있는 마네킹이 나에겐, 폭력과 피가 난무하는 상황 속에서 살아내야 했던 오원주의 상태나 감정이 형상화된 사진으로 보인다.

그리고 오원주의 사진작품을 통해 느낄 수 있었던 감정은 슬픔, 살의, 순간적인 사랑 등이었고, 질식할 것 같은 수족관의 동물, 시멘트 바닥에 머리를 찌어대는 비둘기, 공허하면서도 무심하고 슬픈 눈빛의 인물의 사진 등으로 표현되었다.

특히 포트폴리오("연작") 같은 경우엔 오원주가 사진을 활용하여 자신만의 문법으로 "시처럼" 작업을 완성한 것이기 때문에, 오원주에 대해서 잘 모를 땐, 오원주의 연작의 의미를 읽어내기가 어려웠다. 왜냐하면 과일 껍질이나 금붕어 같은 사진에는 오원주의 개인적인 의미가 내포되어 있기 때문이었다. 다음 사진이 과일의 껍질 사진이다.

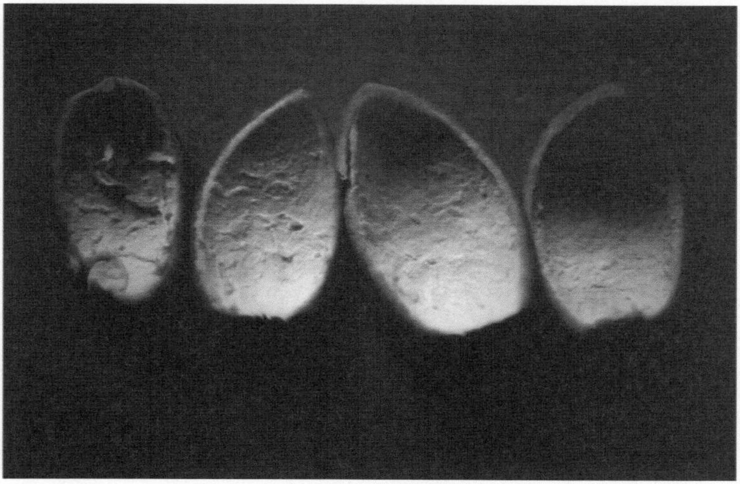

〈betide, No.12〉

위처럼 "하얗게" "말라버린" 과일의 껍질은 아버지의 폭력 "속에서" 삶을 버텨냈던 오원주의 어머니의 얘기와 연결이 된다.

오원주 : (아버지의 폭력) 그 속에서 (엄마는) 하얗게, 이제 세어버린 뼈 같이… 이렇게 말라버린… 하얀 나무 조각처럼 되어져 버린… 섬 같은 게… 되어버리는 거죠… 사람이… 진짜 하얘요… 하얘… 껍질만 남았어… 그 사람이… 살아있는 좀비야… 나는 그거를 아주 오랫동안 봤거든… 살아 있어… 근데 죽었어… 죽었는데 살았어… 본능만 남았어… 지 애미가 좀비가 된 거를 보는 자식새끼 마음은 어떻겠어요… 하얗게 섬이 돼 버렸지…

이처럼 오원주의 대부분의 사진은, 우리가 이해할 수 있든 이해할 수 없든, 가정폭력 그리고 가정폭력으로 인해 체감된 오원주의 상태나 감정이 표현된 사진이다. 그런데 오원주는 쉬지 않고 계속해서 7~8년 동안 작업을 하다 보니, 아주 드물게[21] 자신이 촬영한 사진에서 '가족애'가 느껴지는 사진을 발견할 수 있었다. 다음 사진이 가족애가 느껴지는 사진 중 하나이다.

21) 2021년 10월 중순, 내가 오원주의 홈페이지를 통해 확인할 수 있는 오원주의 작품은 총 962장이었다. 그중 6장이 가족애가 느껴지는 사진이었고, 또 6장이 연인의 애정을 느낄 수 있는 사진이었다. 아마도 오원주의 홈페이지에 올라오지 않은 수많은 사진 중에 단 12장만이 애정을 느낄 수 있는 사진일 수도 있다.

〈8월〉

앞의 사진을 보면 버스에 앉아 있는 엄마의 품에 안겨 곤히 자고 있는 아이가 보인다. 그리고 엄마는 덤덤하지만 약간의 미소를 머금고 있는 듯 보이며, 아이의 얼굴에 들어오는 햇빛을 손으로 가려주고 있다.

이처럼 매우 드물지만, 자신이 가족애를 느낄 수 있는 모습에 반응하여 사진을 촬영했다는 사실을 인지한 오원주는 적지 않은 "충격"을 받았다. 그리고 자신이 촬영한 사진을 보며 가족애를 느끼던 오원주는 아버지의 주먹으로부터 자신을 지키기 위해 온몸을 날렸던 어머니가 떠올랐고, 아버지의 폭력을 피해 도망친 여인숙에서 자신을 품에 안고 목메 울며 말씀하셨던, 어머니의 "미안하다"라는 말이 떠올랐다.

그 후 오원주는 15년 동안 사진 작업을 하면서 어머니를 "구하기 위해" 자신이 할 수 있는 일을 찾아다녔고, 어머니의 "지옥" 같은 상황을 어떻게든 "조금이라도 나은 곳으로 만들기 위해 노력했다." 이처럼 어렸을 때부터 심각한 가정폭력에 계속해서 노출되었으며, 가정폭력과 관련된 자신의 사진을 보며 구토를 하는 오원주이지만, 가정폭력에 대한 실질적인 해결책을 찾으며 자신의 감정을 사진 작업으로 표현하는 등 다양한 방법으로 자신의 트라우마를 벗어나기 위해 고군분투하는 것은, 한 인간의 처절한 몸부림이며 자신의 삶을 피하지 않고 정면으로 돌파하고자 하는 용기 있는 모습이다.

chapter III

치유 :
삶으로 들어온 예술

치유 :
삶으로 들어온 예술

지금까지 우리는 예술가들의 어린 시절에서부터 대학에 들어가기까지, 그리고 예술작업을 시작해서 작업을 지속해나가는 40여 년의 시간을 살펴봤다. 그리고 지금부터는 예술가들이 진솔하면서도 절절하게 해왔던 예술작업 과정을 심리학의 관점에서 살펴보고자 한다.

1. 억압된 감정의 분출과 해소

예술은 개인이 느끼고는 있지만 "언어화되지 않는" 감정이나 느낌을 표현할 수 있는 좋은 매개체가 된다.

> **서태경** : 제가 (감정을) 말로 할 수 있으면 그림을 안 그리겠죠?

서태경 같은 예술가들은 일반적으로 활용되고 있는 커뮤니케이션의 도구인 언어보다 예술로 자기 자신의 감정이나 생각을 표현하는 것이 편하다. 그래서 일차적으로 예술가들은 예술이라는 시각적 언어를 통해 자신의 감정이나 생각을 표현하는 것이다.

서태경과 오원주 같은 예술가는 자신이 추구하는 예술을 하기 위해 오랜 시간 예술작업을 지속해왔고, 이러한 과정 속에서 정확히 뭔지는 모르더라도, 예술작업을 통해 자신 안에 있는 "응어리"가 "꺼내지고" "분출"되어 감정이 "풀어지는" 경험을 지속해왔다.

> **서태경** : 그러니깐 막 뭔가 웅얼거렸던 거 같아요. 그 어떤 설명 안 되는 그 응어리를... 그 응어리가 막, 언어화도 되지 않는데... 막 꺼내지 않고 분출되지 않고 담고 있기에는 그게 너무 고통스럽고... 뭔가... 계속... 그... 충동을 느껴요... 그래서 (예술작업을 통해) 계속 꺼내야 해! 표현해야 해! 풀어야 해!

서태경은 예술작업을 함으로써 자신이 느끼는 불편한 감각과 감정이 어느 정도 해소되는 경험을 했기 때문에, 예술작업을 하면 할수록 자신이 느끼고 있는 감정을 예술작업으로 분출하고 싶은 "충동"을 느끼게 되었다. 앞에서 살펴봤던 루이즈 부르주아나 니키 드 생팔 등의 경우도 예술작업을 통해 자신의 상처나 증오, 고민 등을 표현함으로써 치유를 했다고 언급한 바 있다.

앞에서, 5명의 사례를 다 다루지는 않았지만, 우리는 자신의 감정을 억압할 수밖에 없었던 예술가들의 삶의 맥락을 살펴봤다. 그리고 이들은 예술작업을 하면서 자신의 감정을 표현하고 분출했기에, 조금씩 감정이 해소되고 "흘러나가는" 것을 느낄 수 있었다.

예술작업을 통한 예술가들의 분출과 해소는 정신분석에서 얘기하는 "승화"와 같다. 승화란 사회에서 받아들여지기 어려운 폭력적인 충동이나 부정적인 감정을, 사회에서 용인될 수 있는 권투나 예술작업 같은 안전한 통로를 통해 풀어낼 때 붙여질 수 있는 정신분석의 개념이다. 그래서 예술작업을 통한 분출과 해소를 경험한 서태경은 자신의 탐색에서 예술작업을 통해 얻은 힘으로, "이 힘이면 나 살 수 있어!"라고 외치기도 했다. 이처럼 서태경 같은 예술가들은 예술작업을 통해 삶을 살아갈 수 있는 힘을 얻고 있기에, 예술작업을 통한 분출과 해소는, 예술의 치유적인 힘으로 볼 수 있는 것이다.

그런데 예술작업의 표출과 해소라는 치유적인 힘을 경험한 예술가들은 불가피하게 예술작업을 하지 못하는 상황이 되면, 마치 금단현상을 경험하듯, 과도하게 힘들어하는 모습을 살펴볼 수 있었다.

> 오원주 : 이게 워낙에 쌓인 게 많고... 게다가 (일상에서) 이게 도저히 (사진을) 찍지 않으면 견딜 수가 없었거든... 너무 이게(내가 경험하는 감정이) 고통스러워서, (트라우마와 관련된) 이거를 찍지 않으면 못 견딜 정도로 그런 삶이었다 보니깐... 자연스럽게... 이제, 계속, 그냥, 촬영을 하는 거지... 내가 살기 위해서라도... 이거를 해소를 하려

면은... 그거(작업)를 멈출 수가 없던 거지... 도저히... 내 자력으로는... 그냥 이 독기가 계속 돌고 돌아서... 이렇게 가다가 스스로 이제 그냥 (혼자서) 멸하겠구나...

서태경 그리고 오원주 같은 예술가들은 예술작업을 할 수 없는 상황일 때 힘들어하는 것을 넘어서 "고통스러워"했다. 그리고 이 고통이 얼마나 큰지, 서태경은 경제활동을 하느라 예술작업을 한동안 하지 못할 때 죽고 싶은 충동을 느끼는 순간들이 잦았다.

서태경 : (일을 하느라...) 뭔가 말로 표현되지 않는 그런 (내 안의) 에너지를 (예술작업으로) 쏟을 수가 없으니까... 속에서... 이제... 속(안)에 너무 에너지가 많이 쌓여서, 막, 이상한 꿈... 계속 많이 꾸고... 그 꿈을 꾸고 일어났을 때, 뭔가 작업적인 걸 하면서 풀어야 하는데, 일을 해야 되니까... (5초 침묵) 그래서 정말 곧 죽을 것 같아요... 으윽... 죽을 것 같아요... 죽기, 죽고 싶어... 아... 근데 죽을 수 없잖아? 어떻게... 어떻게요? 죽고 싶어요... 하아... 죽고 싶어...

서태경은 사랑하는 남편을 만나 결혼을 한 뒤, 이전의 예술작업에만 전념하던 삶의 방식에 많은 변화를 겪고 있다. 서태경은 신혼부부라는 새로운 삶의 상황 속에서 점점 더 경제활동에 비중이 커지는 일상을 경험하면서, 예술작업을 하면서도 삶을 유지할 수 있는 일을 찾기 위해 약 2년간 다양한 일을 시도했다. 그리고 이때 예술작업으로 자신의 감정과 "에너지"를 "쏟아 낼 수가 없었기에" 서태경은 "죽고 싶다"는 느낌을 경험할 때가 종종 있었다.

이처럼 예술작업을 통해 자신을 표현하는 예술가들에게 있어 예술작업은 양날의 검이 된다. 우리가 이 책에서 살펴보고 있듯이 예술은 자신의 억압된 감정을 표출할 수는 하나의 방법으로 서태경와 오원주 같은 예술가에게 삶을 살아가게 하는 힘이 되기도 한다. 하지만 다른 한편으론, 예술작업만으로 자신의 감정을 해소하고자 하는 예술가는 예술작업을 하지 못하는 상황이 오면 자신이 느끼는 부정적인 감정을 정리하지 못하고 내면에 계속해서 해소되지 않은 감정이 차곡차곡 쌓이다보니, 결국 죽고 싶을 정도로 고통스러워지는 경험을 하게 된다. 그래서 자신의 감정을 말로 표현할 수 없는 예술가들은 돈을 버는 것보다 예술작업을 하는 것이 더 중요해지는 이유가 될 수 있는 것이다.

우리가 지금까지 살펴봤듯이 예술은 말로써 표현하기 어려운 이야기나 감정을 꺼낼 수 있는 매개체가 된다. 그리고 예술을 통해 응어리진 자신의 이야기를 분출함으로써 감정을 쏟아낼 수 있고, 이러한 과정은 해소와 승화로 이어진다. 이 같은 예술의 힘을 경험한 서태경은 자신이 예술작업을 못할 땐 죽고 싶은 지경에 이르게 되기도 하지만, 예술작업을 통해서만이 자신이

"건강한 모습으로" 삶을 살아갈 수 있다고 언급한다.

서태경 : 어쩌면 제가 기억하지도 못했던 어린 시절의 이야기… 내 무의식 중에 있었던, 그리고 내 성장환경에서 뭐… 여러 가지 사건들이 있었고, 그게 나한테는 충격적이 었었고… 근데 그거를… 뭐… 뭔가… 나는… 그렇게 말을 잘 하는 사람이 아니었거든요… 나, 내 속에서 어떤 그런 어두운 부분이나 뭐 여러 가지, 혼자, 이야기들을 그렇게 잘 꺼내는 사람은 아니었던 것 같아요. 그래서 이제 (그림을) 그리고 (글을) 쓰고 하는 거가 되게, 이렇게 나한테는 가까웠던 행위… 필요한 행위였던 것 같아요… …(중략)… 그러니까, 나는, 예술이라는 게 필요하고, 예술을 많이… 예술작업을 쏟아내야지만 건강하게 사람의 모습을 하고 살 수 있는 사람인 것 같아요…

2. 자기 자신에 대한 이해

이 책에 참여한 예술가들은 예술작업을 통해 자신의 내면을 표현하고, 바라보며, 자신을 탐구하는 과정을 겪어나갔다. 그리고 이러한 예술작업이라는 과정이 하나의 "놀이"라고 서보형은 이야기한다.

서보형 : 내 작업은 나한테 일어난 어떤 일, 내 삶에서 일어났던 어떤 거가 탁! 모티브로 걸리면 (작업이) 시작되는 것 같아. 나는 나한테 일어났던 일을 바탕으로 해서 (예술작업이란) 탑을 쌓는 거지. 나한테 일어났던 일을 해석하는 과정. 해석하고 거기에 상상력을 덧입히는 게 내 작업이지. 그니까 일상에서 내가 경험하고 느꼈던 거를, 그런 재료를 가지고 (작업을 하면서) 노는 거지. 그런 놀이에 더 가깝지.

서보형은 자신이 경험한 일화와 그 속에서 자신이 느꼈던 느낌들을 다양하게 "해석"하고 자신만의 "상상력을 덧입히면서" 영상 작업을 진행한다고 했다. 이처럼 이 책에 참여한 예술가들은 자신이 일상에서 경험하고 느꼈던 다양한 "느낌"들은 예술작업을 하는 "모티브"로 발현이 되고 있었다.

그런데 이러한 느낌은 "모호함"을 수반한다. 자신이 무엇에 관심이 있고 무엇을 표현하고 싶은지 명확히 모르는 상태에서 작업을 시작한 예술가들은 처음에 모두 다 모호함을 경험했다. 특히 조세미는 약 3년간, 그 모호함을 견디며 예술작업을 해나갔던 것을 선명하게 기억하고 있었다. 조세미는 그림을 "100장 이상" 그렸을 때 자신이 표현하고 있는 그 모호한 느낌이 무엇인지 조금씩 감을 잡아갈 수 있었다고 언급한다.

> 조세미 : 그러니까 정말 내가 정의할 수는 없지만 나를 힘들게 하는, 너무나 어렵고 그런 무서운 것들... …(중략)… 어... (예를 들어) 우리의 삶의 이면에 존재하는 불안전하고 불확실하고 그런 어떤 되게 모호한 것들 있잖아? 그런 것에 대해서 그림으로 그리는 건데, 그걸 왜 그리냐면... 나한테는 그런 게 너무 강렬해!

조세미는 자신이 느끼고는 있지만, 말로 표현하기엔 모호한 것을 계속해서 예술작업을 통해 표현해 나감으로써 자신이 정확하게 정의할 수는 없지만, 자신이 관계에서 경험하는 "불안전하고 불확실한" 것들을 그리고 있다는 것을 조금씩 인식하게 된다.

이처럼 예술가들이 예술작업을 통해 자신이 표현하고 있는 것을 점차 명확하게 인식하게 되는 것은, 예술작업을 통해 완성된 자신의 작품이 하나의 "거울"이 되어, 자기 자신을 한 발짝 떨어져서 "객관"적으로 볼 수 있는 공간을 만들어주기 때문이다.

서보형 : 나한테 작업은 약간, 그런, 일기 쓰기 같은 느낌이지. 사람들이 일기를 쓸 때 그런 거잖아. 일기를 쓰면서 자기 객관화가 되잖아. …(중략)… 거울 효과 같은 거지. 예술작품이 거울 효과를 가지고 있다고 생각을 해. 그래서 문학과 예술이 필요한 이유는 기본적으로 자기를 반추할 수 있는 계기를 만들어주는 거지.

서보형은 마치 일기를 쓰듯 자신이 경험했던 일화를 돌이켜 보며 예술작업을 진행한다고 했다. 서보형은 자신이 경험은 했지만 "이해할 수 없었던" 느낌들을 예술작업을 통해 지속적으로 "반추"할 수 있었고, 그럼으로써 자신이 경험한 것들을 좀 더 객관적으로 볼 수 있게 됐다.

마찬가지로 계속해서 '자기 자신에 대한 질문'과 함께 예술작업을 해온 조세미는, 서태경과 오원주가 자기 자신을 직면한 것처럼, 결국 자신이 어렸을 때부터 관계에서 "불안"을 겪어왔고, 그러한 것을 계속해서 예술작업으로 다루어왔다는 것을 이해하게 되었다.

조세미 : 그러니까 내 주변 사람들을 보면서... 주변 사람들이 (감정적으로) 흔들리는 걸 본다거나... 주변 사람들을 보면서 (내가 감정적으로) 흔들리거나... 그런 거 (주변 관계)에서 나한테 오는 불안이 어릴 때부터 되게 컸고... 그런 것(주변 관계에서 경험되는 감정)들이 나한테는 되게 강렬해서... 그런 (관계에서 경험하는 감정에 대한) 얘기를

계속해 왔던 것 같아… 지금까지…

이전까지 조세미는 자신이 삶에서 "강렬하게" 경험하고는 있지만, 자신이 느끼고 있는 이 불편한 감각을 명확히 할 수 없었다. 하지만 조세미는 예술작업을 통해 자신이 경험하는 것이 "사람의 기본적인 감정"이고, 자신이 어렸을 때부터 "감정"이라는 것을 항상 "궁금해했다"는 것을 이해하게 됐다.

조세미 : 그냥… 내가 풀 수 없는 거 있잖아. 내 힘으로 조절할 수 없는… 살아가면서 일어나는… 너무 복잡하고… 어렵고… 쉽게 말하면 그냥 힘든 일들이 우리한테 어떤 영향을 미치고… 그건 또 어떻게 우리에게 작용을 하는지… 그게 (힘든 일들이) 내 삶에 얼마나 많은 것(감정)을 일으키는지… 그러니까 나는 사람의 어떤 기본적인 감정 같은 거 있잖아. 그 사람의 내면! 그런 게 항상 궁금해.

결국 어렸을 때부터 자신이 경험하는 내면을 항상 궁금해했던 조세미는 예술작업을 통해 자신이 경험하는 감정을 그림으로 표현할 수 있었고, 자신의 그림을 통해 자신이 경험하는 감정을 바라볼 수 있었다. 그리고 조세미는 자신의 감정을 부정적으로 보고 "극복"하려고 했던 시기를 지나, 점차 자신이 경험하는 감정을 중립적인 입장에서 "자연스럽게 바라보고자" 했다.

조세미 : 나는 그걸 (감정을) 절대 풀 수 없다고 생각하거든. 왜냐하면, 그건 (감정은) 너무 모호하고... 우리는, 나는... 연약하다고 생각해. 우리 자신을. 그러니까 우리 자신이 강해서 이런 걸 (감정을) 이겨낼 수 있다? 극복할 수 있다? 그런 생각 자체가 별로 없어. 그냥 그게 (감정은) 되게 자연스러운 거고. 그런 걸 (감정을) 좀 자연스럽게 바라볼 때 오히려 훨씬 더 편해지고 그렇지 않을까? 그런 마음과 질문으로 계속 그림 작업을 하는 것 같아.

이처럼 조세미는 자신이 삶에서 경험하는 불편한 감정을 피하지 않고 계속해서 그림으로 다양하게 살펴봤다. 그러자 어느 순간 조세미는 자신이 경험하는 감정에 대해 "이해의 폭이 넓어"짐을 느낄 수 있었고, 점차 자신이 일상에서 경험하는 감정이 "안정"되는 것을 느낄 수 있었다.

조세미 : 예술작업을 자꾸 하면서 (내 감정을) 이렇게도 그려보고 저렇게도 그려보고 이렇게, 이렇게, 저렇게 하니깐. 그러니깐... 그렇게 하면서. 음... 이해의 폭이 넓어지면서... 그 자체가 당연히 그 무엇보다 위로가 되지 않겠어? 내 안에 이너 피스(inner peace)를 찾는 거지!

조세미는 자신이 삶에서 경험하는 다양한 감정들을 예술작업을 통해 "이렇게도 그려보고 저렇게도 그려봄으로써" 자신과 자신의 감정에 대한 이해의 폭을 넓혀갈 수 있었다고 한다. 그리고 조세미는 그러한 이해 그 자체가, "그 무엇보다도 위로"가 되었으며, "이너 피스"를 찾을 수 있었다고 얘기했다.

이처럼 작업을 하면 할수록 예술가들은 자신의 관심사와 취향 등이 더욱 확고해졌으며, 이를 통해 자신의 예술작업이 더욱 깊어지고 있었다. 하지만 이러한 과정에서 서태경은 예술작업만으론 자신의 상처가 "완전히 치유되기는 힘들 것 같다"라고 이야기한다.

> **서태경** : 그게... 완전히 치유되기는 힘든 것 같아요. 그러니까 거의, 거의... 삶 하나... 내가 늙어 죽을 때까지... 한 몇십 년을 통해서 서서히... 내 무의식에 남아있는 그런 상처들을 계속... 그리고 내 기억에 남아있는 상처들을 계속... 뭐, 그러니까 '이렇게 닦아내고, 닦아내고, 닦아내고, 닦아내는 과정이지 않을까'라는 생각을 해요.

자신이 완전히 치유될 수 없다고 하더라도 서태경에게 있어 예술작업이란, 자신에게 "남아있는 상처들을 계속"해서 "닦아내고, 닦아내고, 닦아내는 과정"으로 삶에 깊숙이 포함되었다.

3. 예술을 매개로 한 소통

예술작품은 예술가의 가치관이나 신념 혹은 태도에 따라서 다양한 결과물이 자연스럽게 나타날 수 있다. 또는 특정 메시지를 표현하고자 하는 예술가의 의도에 따라서 예술작품을 제작할 수도 있다. 이때의 예술작업은 작품을 제작하는 이유가 분명하기에 개념적으로 정리된 예술작업에 가까우며, 자신의 메시지가 관람객에게 얼마나 잘 전달되는지에 따라 예술작품의 성공을 평가하는 하나의 기준을 세울 수도 있다.

하지만 메시지를 전달하고자 하는 예술 외에도, 예술가는 온전히 "자기 자신을 위해서" 예술작업을 진행하기도 한다. 서보형은 영상 작업을 할 때 이러한 경우가 종종 있었다.

> 서보형 : 이 영화는 정말로, 아무 관객도 고려하지 않고, 나 자신을 위해서, 나 자신의 세레모니? 한풀이? 한풀이를 한번 해야겠다! 이런 생각으로 한 건데, 그게 대박이 났지.

이 책에 참여한 예술가들은 자신의 감정이나 느낌 혹은 직관에 충실하여 그때그때 자신이 하고 싶은 예술작업을 해나간 경우로서, 일차적으로 누군가에게 어떤 메시지를 전달하고자 예술작업을 한 것은 아니다. 이들은 단지 자신의 멋이나 취향 그리고 개성 혹은 질문만으로 마치 "독백"[22]을 하듯 예술작업을 해나갔다.

그리고 예술가들은 자신의 표현으로 완성된 예술작품을 "두고두고 계속 보며" 자기 자신과 내적인 소통을 해나갔다.

> **서태경** : 작품을 완성하고 난 다음에는 두고두고 계속 봐요. …(중략)… 작업이랑 이렇게 계속 얘기를 하게 되는 거죠. (제) 작업이랑 (나는) 제일 친한 친구이자 (작품이) 다른, 또 다른 나이기도 하고.

예술작품은 의미가 명확하지 않을 때도, 그 안에 들어가 있는 이미지나 구성 요소 그리고 형식으로부터 내재된 어떤 이야기들을 품고 있다. 그리고 그 이야기는 일차적으로 예술작품을 만든 예술가와 관련이 될 수밖에 없기에, 예술가에게 있어 예술작품은 "또 다른 나"가 되기도 하고 "제일 친한 친구"가 되기도 한다.

그러면 예술가들은 자신이 만든 예술작품을 바라보면서 "내면의 대화"를 해나갈 수 있고, 이러한 과정은 앞에서 살펴본 "자아를 탐구"하는 과정으로 이어진다. 그래서 이 책에 참여한 예술가들은 자신의 작품을 오랫동안 지속해서 바라보고 곱씹는

22) 그림을 그리는 이정규(2020)도 자신의 작업이 "독백"의 형식을 띠기에 외부로부터의 영향을 받지 않은 순수한 자기의 내면을 표현할 수 있으며, 이를 통해 "진솔성"이 확보된다고 하였다.

과정을 통해 '자기 자신과 깊은 소통'을 해나갔다.

그리고 예술가들의 예술작품은, 예술작품을 만든 자기 자신과의 소통을 넘어, 예술이라는 세계에서 전시를 통해 관람객과 "소통"이 이루어지기도 한다.

서태경 : (내가 한 예술작업) 이런 걸 소통할 수 있는 (예술계라는) 세계가 있어서, 나라는 사람이 죽지 않고도 살 수 있어! 이 예술이라는 세계에서! 어! (난) 쓸모가 없지 않아!

서태경은 자신의 생각이나 감정을 표현한 자신의 작품이 전시라는 형식을 통해 세상 밖으로 나와 관람객과 소통할 수 있는 가능성이 열리기에, 자신이 하고 있는 예술작업이라는 행위를 더욱 긍정할 수 있다고 했다. 조세미 역시 소통을 위해서 예술작업을 하는 것은 아니지만, 자신의 예술작품이 타인의 "마음을 건드리기를" 희망하고 있었다.

조세미 : 내 작업이 (관람객의) 뭔가를, 그 사람의 마음을, 내가 좋아하는 것(작업)을 볼 때, 내 마음이 팍! 건드려지는 것처럼 건드려진다? 하아(감탄사)... 그러면 더할 나위가 없겠지!

전시장에서 예술작품을 보는 관람객은, 간혹 반 고흐의 작품처럼 특정한 예술작품을 보면서 무엇인가 내면이 "움직이는" "감동"을 경험할 수도 있다. 그리고 예술가는 전시장에서 자신의 예술작품을 본 관람객이 본인 나름의 방식으로 자신의 작품과 교감을 하는 것을 보면서 더할 나위 없는 "기쁨"을 느끼기도 한다.

> 오원주 : 내가 만든 작업이 관객의 마음을 움직이는 거를 목도할 때가 있어요. 특히 기뻤을 때가 이제 제 작업을 보고 계단 밖에 나가서 담배... 불을 붙이고 이렇게 계단을 올려다 보는 관람객을 봤을 때 뭔가 뭉클했어요. (9초 침묵) 사람의 마음을 움직이는 거를 본다는 것이 이런 감각이구나. 나는 그런 일을 하고 있었구나. 몰랐었는데... (6초 침묵) 그리고 혼자가 아니구나... (5초 침묵) 뭔가 이렇게 마음을 움직이는 것을 감동이라고 하잖아요. 영어로 하면 이렇게 쓴다면서요. you moved me. 응. 움직이는 거거든.

오원주는 기대를 안 했지만, 전시를 통해 자신의 어둡고 거칠며 폭력성이 도드라져 있지만, 사랑이 묻어나 있는 자신의 사진을 보고 무언가 마음이 움직이는 관람객들을 보게 되었다. 그리고는 자신의 이야기가 누군가에게 전해진 것 같은 느낌을 받으며 혼자가 아니라는 느낌을 받는다. 그리고 한 번은 전시장을 "몇 바퀴나 돌며" 오랜 시간 작품을 관람하던 노년의 관람객이, 갑자기 오원주에게 다가와서는, "네가 작가냐? 고맙다!"와 같은 소중한 피드백을 하기도 한다.

이처럼 예술가는 예술작품을 통해 관람객과 만나고 있었다. 서태경도 간혹 전시장에서 자신의 예술작품을 본 관람객이 자신에게 다가와 말을 건넴으로써 직접적인 만남과 소통의 시간을 가지게 될 때도 있었다.

> **서태경** : 페인트 (작업으로) 전시를 했었을 때... 나는 그냥 내가 그린 그림들을 이렇게 걸었는데 전시장에서 정말 처음 본 사람들이... 자기 힘들었던 어떤, 그런 거를 (저한테) 서슴없이 얘기하던 경우들이 많았어요. 그래서 '어, 이런 건가? 당연히 이런 (자신을 파괴하는 해체적인) 그림을 그리니깐 나도 그런 문제... 비슷한 문제가 있을 거라고 생각을 하는 건가?' 막 그런 느낌... 그런데 그때쯤 내 존재가 너무 외롭고. 되게 시리고. 아무나 붙잡고 내 말 막 하고 싶은, 막, 욕구, 그런 게 있었는데, 엄청 외로웠었는데... 그때 (관람객들과) 되게 말을 많이 했어요. 그래서 힘을 받기도 했었던 것 같아요.

서태경은 전시를 관람하던 관람객이 느닷없이 다가와서 본인의 "힘들었던" 이야기를 "서슴없이" 했을 때 당황했다. 하지만 이때 서태경도 자신의 작업에 반응한 관람객에게 자신의 경험과 상처 그리고 다양한 생각 등을 말할 수 있었고, 누군가에게 자신의 얘기를 하면서 "힘을 받는" 느낌이 들기도 했다.

4. "keep going" 계속되는 이야기

예술가들은 예술작품을 통해 보이지 않는 자신의 내면을 표현할 수가 있었고, 이는 일정 부분 감정을 해소하는 승화의 역할을 했다. 그리고 예술가들은 자신의 내면이 표현된 작품을 통해, 자기 자신을 한 발짝 떨어져서 좀 더 객관적으로 볼 수 있었고, 자신을 탐구할 수 있었다. 또한, 자신과의 소통을 넘어, 간간히 전시를 하며 자신의 작품으로 타인과 소통을 하고자 했다. 이러한 과정이 얼마나 지났을까, 대학을 졸업하고 10년 이상 작업을 지속해온 예술가들은, 자기 자신과 세상을 바라보는 관점에 변화가 생기기 시작했고, 이들의 예술작품도 따라서 변화하기 시작했다.

서태경은 7년 동안 자신의 상처와 감정을 해체적인 그림 작업과 퍼포먼스 작업 등으로 충분히 풀어나갔다. 그리고 해외에서 "자신의 작품을 이해해주는 기관과 아티스트"들을 만나게 되어 계속해서 "용기를 갖고" 작업에 매진할 수 있었으며, 사랑하는 남편을 만나 결혼을 했다. 그러자 서태경이 가지고 있던 관점이 점차 "전환"되기 시작한다.

서태경 : 이전에는 내가 얼마나 세상을 어둡게 보는지, 얼마나 원망하는지, 얼마나 죽고 싶은지, 얼마나 괴로운지, 얼마나 사람들이 외면하는 어두움이 있는지, 왜 쳐다보려고

하지 않는지, (작업이) 막 그런 것에 대해서 이렇게 울부짖는 이런 거였다면은. 지금은 사랑이라는 에너지… 그런 거… 그런 거를 표현하고 싶다는 주제가 변환되면서 약간… 어… 하루 중에 웃게 되는 순간들, 감사하게 되는 순간들, 작은 찰나지만 나에게 힘을 주었던 사소한 것들, 그런 것에 대해서도 내가 (예술작업으로) 말을 할 수 있어야지, 인정해야지, 받아들여야 한다는 걸 생각하면서… 약간… 이게… 전환이 됐어요.

관점이 전환되기 전까지 서태경은 예술작업을 통해 자신이 얼마나 "세상을 어둡게 보고", "세상을 원망하며", "얼마나 괴롭고 죽고 싶은지"에 대해서 울부짖었다. 하지만 지금은 고통만을 바라보던 자신에게 다른 관점도 있다는 것을 느끼게 되었다. 그러자 예전에는 "너무 억압돼서 막 문드러지고 썩어서" 나오는 식의 서태경의 그림 작업이 변화하기 시작했다.

서태경은 "하루 중에 웃게 되는 순간들", "감사하게 되는 순간들", "작은 찰나지만 힘을 주었던 사소한 것들"을 인정하고 받아들이며 작업을 하고 있다고 한다. 그래서 서태경은 자신이 삶에서 느낄 수 있는, "살아서 꿈틀대는" 삶의 "환희"나 "생명력" 그리고 "에너지" 같은 것들을 그림으로 그리고 있다. 다음 그림이 그러한 그림이다.

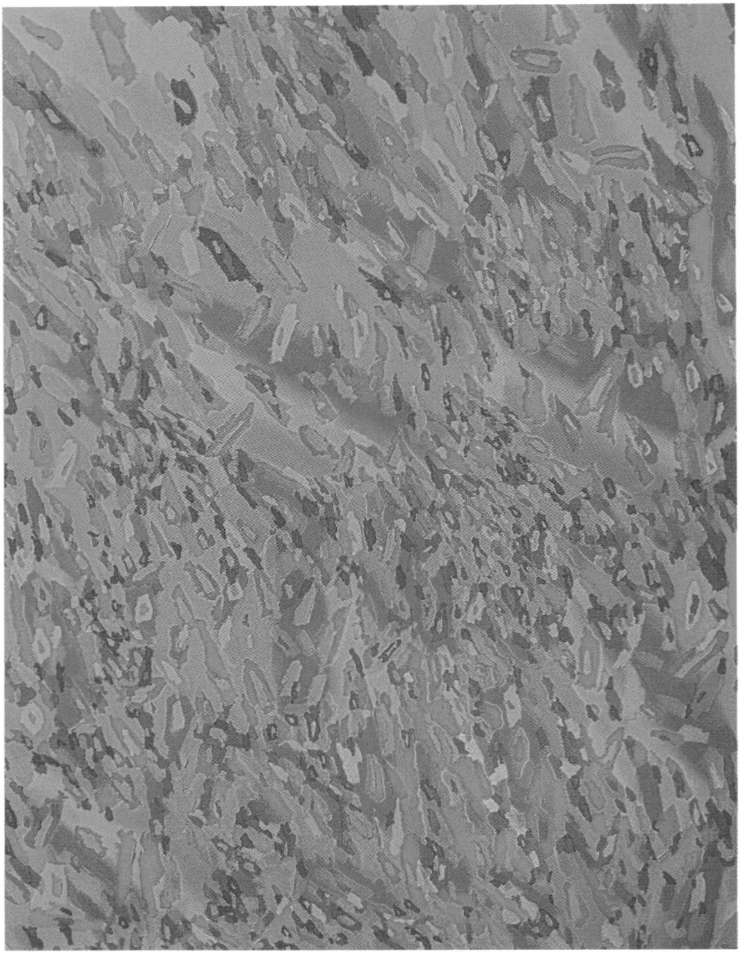

〈The lights〉

서태경은 현재 형광의 빛으로 보이는 짧고 굵은 추상적인 선들로 자신이 느끼는 삶의 환희와 에너지 그리고 생명력을 그리고 있다.

그런데 서태경은 그림을 다 그리고 나서 그림을 바라봤을 때, 그림에 뭔가가 빠진 것 같은 허전한 느낌을 받았다. 그리고 그림에서 빠진 것은 자신이 삶에서 경험했던 뼈저린 "고통"이라는 것을 알게 되었다. 그래서 서태경은 바니시[23]에 "고춧가루"를 넣음으로써 작품에 고통을 추가하고자 하였다.

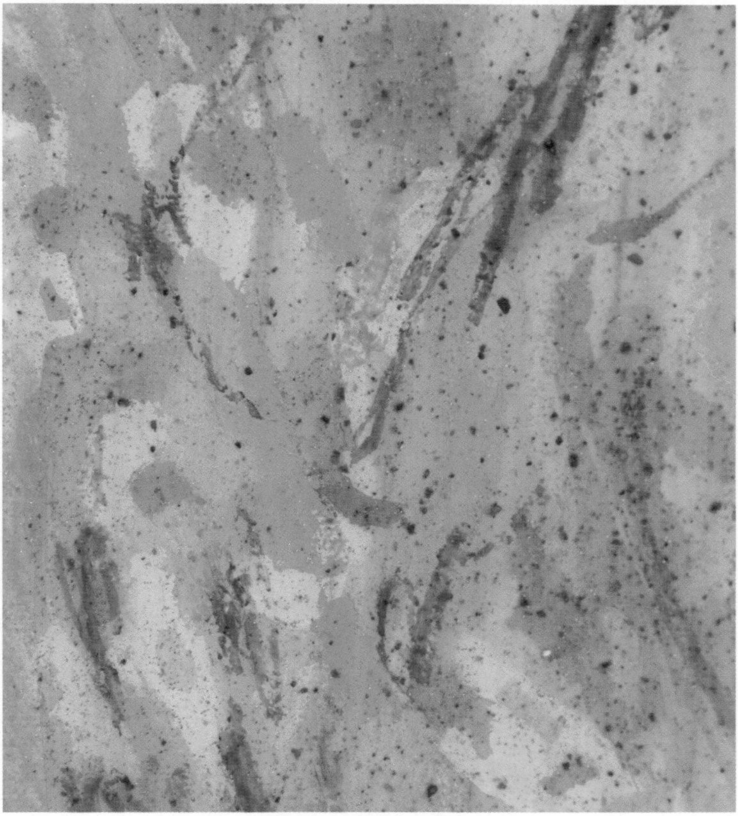

〈Red pepper〉 부분 확대

23) 화가들은 페인팅이 끝나면 일반적으로 '바니시'라는 액체를 그 위에 바름으로써 그림을 일차적으로 보호한다.

서태경 : 이거 고춧가루예요. 바니시가 원래 투명인데 주황빛을 내는 게, 이 고춧가루에서 우러나온 거예요. 고춧가루를 막 넣고 바니시를 이렇게 빽빽 젓고 있는데 장을 담그는 마음이 들더라구요. 아이고 내가 한국인인 게 여기서 나오는구나~ 막 찐득찐득하게 이렇게 고춧가루 팍! 팍! 넣어가지구, 뭔가 매운 냄새도 나고. 이렇게 빽! 빽! 젓는데 속 시원한~~ 느낌이 들더라구요! 그래서 이걸 (그림에) 처벅처벅 바르는데, 아, 너무너무 맵고 막 아프겠다는 생각은 드는데, 이 고춧가루에서 우러나온 이 주황빛들이 또 되게 아름답다고 생각이 들더라구요. 진짜 (예술작업을) 하면서도 계속하고 싶은 거죠. 뭔가 계속 내가 할 수 있는 이야기를 (예술작업을 통해) 계속해야 하겠다는 생각을 하면서... 이거 (삶이) 고통이야? 아니면 이게 뭐 행복이야? 막 뭐야~ 라고 하는 그런 걸 표현하고 싶은 것 같아요.

한기현 : (작업을 가리키며) 고통이야? 행복이야? 하하하.

서태경 : 몰라~~ 둘 다! 몰라~ 여기, 조금 더 그런가? 몰라~ 네가 볼 때마다 달라~

서태경은 "장을 담그는 마음"으로 "찐득찐득"한 고춧가루를 바니쉬에 "팍! 팍! 넣어가지고" "빽! 빽!" 저은 뒤, 완성된 작품에 "처벅처벅" 발랐다. 이처럼 삶에서 고통은 떼어내기 힘들기에 "너무 맵고 막 아프겠다"는 생각이 들지만, 한편으로는 "고춧가루에서 우러나온 주황빛들이" "되게 아름답기도 하다"고 서태경은 느낀다. 이제 서태경은 자신의 삶을 “고통”으로도 보고 “행복”으로도 볼 수 있게 됐으며, 자신이 가지고 있는 두 가지 관점을 하나의 그림으로 통합하여 표현할 수 있게 됐다.

그러자 서태경은 ‘자신의 고통이 있었기에 지금의 자신이 있다’라는 통찰과 함께, 예술작업을 통해 자신의 “존재의 의미”를 느끼게 된다.

> **서태경** : (어쩔 땐) 죽을 것 같아~~ 하면서 작업을 해도, 내 작업이 아름답다는 거를 알고 있어요. 그래서 못 죽는 것도 있죠. 죽고 싶어 하면서... 그리고 약간 좀 작업을 이어갔으니까 그... 쭉... 내 인생에 약간 좀 벌어졌던 일, 선택들. 그리고 안 좋은 일, 좋은 일 여러 가지를 겪으면서, 내 작업도 같이 변화를 겪었고. 되게, 나의 삶을 값지게 쭉 따라온 어떤 뭔가가 표현되어. 내가, 어떤 나란 존재를, 존재감을, 내 존재의 의미를 갖게 해 주는 이 작업이라는 게 있어서, 거기에 되게 행복감과 만족감을 크게 느끼고, 이거는 평생! 나랑 함께 갈 거니까!

이처럼 예술작업을 통해 자신의 존재의 의미와 “행복감” 그리고 “만족감”을 느끼게 된 서태경은 계속해서 “평생”을 예술작업을 하며 살아나가고자 한다.

그리고 이와 같이 변화된 서태경의 상태는 자신이 경험하는 일상과도 연결이 되기 시작한다. 서태경은 작업을 하지 않는 일상의 순간순간에도 즉흥적으로 "춤을 추고 싶으면 춤을 추고" 가만히 있다가 "한 문장을 계속 반복"해서 말하고 싶으면 계속 반복하여 말하는 등, 자신의 "어린아이 같은" 충동을 "허용"하게 되었다. 어떻게 보면 서태경은 자신이 "엄청나게 퇴화"한 것도 같지만, 다른 한편으론 본연의 자신으로 "돌아온 느낌이다."

> **서태경** : 약간 (작업을 해오면서) 엄청 퇴화한 거 같아요. 퇴화… 그래서 저는 지금이… 되게, 제, 원래 나로 돌아오는 거 같은 느낌이 들거든요? 말을 잘 못 하고, 정말 뜬금없고, 약간… 정말 사회성도 떨어지고… 그냥 갑자기 노래 부르고, 막 갑자기 이상한 말 하고… 아, 이상한 말은 아닌데, 갑자기 막, 무슨 한 문장을 계속 반복하고, 막 이런 거를 집에서 그냥 해요. 아, 그냥 하더라고요. (웃음) 그거를 느꼈어요. 아… 되게 '나네?' 이런 생각… '나 자신이네? 돌아왔다'라는 생각이 들어요!

서태경은 여전히 삶 속에서 죽고 싶은 감정을 종종 경험하지만, 이전에 삶을 고통으로만 바라보던 때와는 다르다. 현재 서태경은 작품 전시나 예술가로서 외부의 평가에 연연하지 않고, 삶 속에서 자신이 온전한 상태로 존재하며, 계속해서 꾸밈없이 그림을 그리고, 춤을 추며, 글을 쓰고, 퍼포먼스를 하는 등 예술과 함께 삶을 살아내고 있다.

오원주도 자신이 경험한 가정폭력과 그로 인해 받았던 상처에 집중됐던 작업이 점차 "사랑"에 대한 작업으로, 전체적인 관점이 전환되었다. 그러면서 오원주는 자신이 경험한 부모님의 지옥 같은 상황 속에도 사랑이 있다는 것을 "밤하늘에 별"이라는 비유를 통해서 설명한다.

오원주 : 밤하늘에 별이 빛나려면 충분히 어두워야 하는 거죠. 그게 제가 작업을 하는 이유예요. 밝은 낮에는 별이 안 보이잖아. 그렇다고 해서 그 별이 없냐 하면, 있잖아요. 눈에 안 보이는 걸 (사랑을) 보이게 하는 일이니까 쉬울 리가... 내가 그런 거 (내가 경험한 삶 속에도 사랑이 있었다는 얘기를) 하고 싶지는 않은데... 좀 다른 사람이 해도 될 거 같은데... 뭐 할 수 없지 뭐... 방도가 없다. 어떻게 다른 거를 하려고 해도...

자신의 관점이 사랑으로 전환이 됐지만, 현실은 변하지 않았기에, 오원주는 여전히 고통이 큰 상황 속에 놓여 있었다. 그리고 "불행히도" 오원주가 "40년" 이상 아파해왔던 어머니의 삶은 결국 "비극"으로 끝이 나고야 말았다.

오원주 : 40년 가까이 쌓였던 문제들이... 생부가 이제 어머니를 살인함으로 인해서... 지금까지, 이제, 나를, 계속, 어떻게든, 버티면서 해나가게 했던 그 모든 것들을 다... 이제... 철두철미하게 다 무너뜨리고... 더 이상 이제 회생 불가능한 상황... 심지어 죽는 것도 내 마음대로 안 돼

서... 그 친구 놈이... 내 머리끄덩이 붙잡고 끌고 나와 가지고 어쨌든 간에 (나를) 살려는 놨는데... 근데... 약물치료도 받고 상담치료도 받고... 근데 그게 어떤 삶이었냐면... 오늘 죽을 애를 이제 내일로 미룬 거지... 오늘 죽을 애를 일단 내일로 미루고... 근데 그거를 매일 반복하는 삶...

어머니의 죽음을 도저히 감당할 수가 없었던 오원주는 결국 "자살"을 시도했고, 친구의 극적인 도움으로 삶을 이어나가게 됐다. 그리고 그 후 오원주는 2년 동안, "약물치료"와 "상담치료"를 하며 "오늘 죽을 사람을, 내일로 미루는 것을, 매일 반복하는 삶"을 유지하며 "생지옥"을 경험하고 있었다. 오원주는 자신이 "작가로서 끝났다"라고 이야기했고, 이러한 모습은 마치 '삶의 의미'를 잃고 죽을 날을 기다리는 사람처럼 보였다.

하지만 삶의 흐름은 오원주를 다시 카메라를 들게 만들었다. 2021년 여름, 오원주는 "몇 가지 인연과 우연"으로 재단을 통해 사진 작업 의뢰가 들어왔다. 그리고 오원주는 단지 "월세를 낼 생각"으로 재단의 의뢰를 승낙하면서 2년 만에 사진을 촬영하기 시작했고, 사진 작업을 하면서 자신이 "죽지 않고 살아있다"라는 느낌에 깜짝 놀랐다.

오원주 : 이상해... 이럴 리가 없는데 왜 작업이 되고 지랄이지? 이럴 리가 없는데... 왜 작업이 되고 지랄이야? 어쨌든 분명

히 나는 죽었던 사람인데... 어쨌든 간에... 내가 뭔가를 만들었다는 그 결과와 사실이라고 하는 거는... 분명히 한 가지는 증명을 하는구나... 내가 살아있는지는 모르겠으나, 적어도... 내가 죽어있는 거는 아니구나...

오원주는 자신이 죽어있다고 느끼고 있었기에, 더 이상 자신이 사진 작업을 못 할 것으로 예상했다. 하지만 오원주는 카메라를 들어 사진을 촬영했고 "신기하게도" 사진 작업을 진행해 나갈 수가 있었다. 다음 사진은 오원주가 이때 촬영한 사진 중에 하나이다.

〈Butterfly Walked, No.12〉

오원주는 이때 촬영한 사진 중에 "제일 마음에 드는 게" 앞의 사진이라고 했다. 사진 속에 꽃은 마치 오원주처럼 어둠에서부터 기운을 얻어먹고 자란 것처럼 보이며 "야하고도" "기분 나쁘게" 강인한 생명력을 뿜어내고 있다.

결국, 오원주는 사진 작업을 통해 다시금 "살아갈 힘"을 내고자 했으며, 지금까지는 "도저히" 하지 못했던 어머니에 대한 사진 작업을 하기 위해 준비를 하기 시작했다.

> 오원주 : 어쨌든 진검 승부를 해야죠… 나 자신과… (트라우마라는) 그 공포를 품에 안은 채… …(중략)… 꼭… 치러야만 되는… 꼭 매듭을 지어야만 하는 작업이 하나 있어요… 꼭 해야만 하는 작업… …(중략)… 나중에… 이런 일(아버지의 폭력으로 인한 어머니의 죽음)이 벌어졌을 때, 그 죄책감은 또 어떻겠어요… '내가 엄마를 버렸다…' 좀 더 비약하면 '내가 엄마를 죽였다…' '이런 일이 언젠가 벌어질 걸 알고 있었다… 그게 언제였는지 몰랐을 뿐이지…' 그게 사실이거든… 이 일이 분명히 벌어질 거라는 걸 나는 알고 있었는데… 이게 언제인지 몰랐던 거고… 그럼 이제 더 환장하겠는 거지… 그걸 어떻게 견뎌요… 이제… 그런 과정들이 내 필름에… 자국 자국… 남아 있단 말이야…

오원주는 가정폭력과 어머니에 대한 작업을 "공포를 품에 안은 채" "꼭 치러야만 되는" "진검 승부"라고 표현했다. 오원주가 이러한 작업을 끝까지 하려는 이유는 자신이 "묶여있는" 트라우마라는 속박("주박")에서 벗어나기 위함이다. 일반적인 경우라면 자신의 트라우마를 보지 않고 피하려고 하거나, 트라우마와 관련된 상담이나 치료에 집중하겠지만 오원주는 지금까지 자신이 해왔던 사진 작업이라는 방식으로 자신의 상처를 "바라보고" "정제"하여 표현함으로써 자신의 트라우마를 "돌파"하고 "소화"시키고자 한다.

> 오원주 : 근데 어쨌든 이거를 (어머니에 대한 작업을) 내가 그냥 이게 내뱉어서 되는 게 아니고... 또 작업이니깐 정제를 해야 하잖아... 그럼 내가 그걸 삼켜가지고 잘 소화를 시켜서 그거를 잘 연마해서 정제를 해서, 해야 되는데... 얼마나 속에 독이 퍼지겠어요... 사람이 얼마나 또 망가지겠어... 안 하고 싶지... 가능하다면 안 하는 게 맞지. 심지어... 앞으로 작가 안 해도 되니깐... 굳이... 작가 그게 뭐라고... 아무것도 아닌데... 근데 작가라서 하는 게 아니거든... 그러니깐 도망도 못 가... …(중략)… 여전히 저는 거기에 묶여있죠...

그렇게 오원주는 무섭지만 "죽음의 의식"을 치르는 것처럼 자신이 촬영했던 무수히 많은 어머니의 사진을 작업으로 정리하고자 한다. 그래서 오원주는 현재 물리적인 시간과 돈을 준비하기 위해 법무부나 여성가족부 등 자신이 경험한, 가정폭력에 대한 작업을 지원해 줄 수 있는 곳을 찾고 있다.

오원주는 말 그대로 “죽다가 살아났다.” 그리고 지금 붙어있는 자신의 생명이 “양초에 붙은 불”처럼 느껴지며, 이 양초의 불이 “언제 꺼질지 모른다는 것을 아주 정확히 알고 있다”라고 했다. 하지만 이 같은 상황에서도 오원주는 자신의 “운명”을 받아들이고 계속해서 삶을 이어나가며 작업을 하고자 한다.

> 오원주 : 제일 먼저 떠오르는 거는, 뭐 이거 하나예요. keep going. 뭐 끝이 어떻게 될지는, 끝까지 가봐야지 아는 거죠. 그냥 이렇게 keep going 하다가 내가 뭐… 쩝… 자살하면 그 keep going에 따른 결과일 거고. 뭐, 아까 얘기했듯이 시시하게 살다가 시시하게 뒤지는 것도 keep going의 결과일 거고. 뭐가 됐든 간에, 어쨌든! keep going!

chapter Ⅳ

예술의 치유적 가치

예술의
치유적 가치

1. 예술의 가치

예술은 과거에서부터 철학자, 미학자, 사회과학자, 역사가 등으로부터 가치를 평가받아 왔으며 예술의 의미와 개념은 꾸준히 확장되고 변화되어왔다.

알랭 드 보통(Alain)은 그의 저서 〈영혼의 미술관〉에서 예술이 사회적으로 인정받아왔던 기존의 가치들을 정리했는데, 그에 따르면 예술의 가치는 '기술적', '정치적', '역사적', 그리고 '충격 가치'로 평가된다.

기술적 가치로 해석되는 예술은 '누가 최초로 새로운 방법론으로 그림을 그렸는가?'에 주목하여 예술을 평가하는 것이고, 정치적 가치로 해석되는 예술은 예술작품 속에 존엄, 진리, 정의 등 인간이 추구하는 모습을 중요시하고 강조할수록 그 작품을 좋게 보는 것이다. 그리고 예술작품이 과거에 대해 우리에게 무엇을 알려주는지에 따라 예술작품을 역사적인 가치로도 볼 수 있다. 또한 일반적인 상식에 반하는 예술작품, 예를 들어 그로테스크한 작품이나 뒤샹(Marcel Duchamp, 1887-1967)의 '샘(1917)' 같은 작품은 충격 가치로 평가되기도 한다.

'샘'은 대량 생산되는 소변기에 뒤샹이 변기를 만든 제조업자의 이름을 서명하여 전시를 한 작품이다. 뒤샹의 작품을 본 관람객이 '이게 무슨 예술이야?'라고 불쾌함을 느낄지언정, 그 느낌은 예술가의 의도로써 이해되며, 관람객은 자신이 받은 충격을 통해 지금까지 자신이 가지고 있던 고정관념을 되돌아보게 만들 수 있기 때문에 충격을 주는 예술이 가치가 있다는 것이다.

알랭 드 보통에 따르면, 결국 우리가 알고 있는 '훌륭한 예술'에 대한 개념들은 후원, 이데올로기, 돈, 교육이 뒤얽힌 복잡한 체계 속에서 이루어지며, 대학교육과 박물관 등에서 공유되기 시작하는 예술에 대한 관점은 점차 사회적으로 통념되는 상식으로서 작동하여 무엇이 특별히 주목할 만한 가치가 있는 예술 작품인지에 대한 우리의 생각을 좌우하기 시작한다.

이처럼 우리가 접할 수 있는 예술의 다양한 가치는 예술이 원래부터 가지고 있던 속성이라기보다는, 예술이라는 특성 안에 숨겨있던 것을, 누군가 예술의 특정 부분에 주목하면서 예술의 또 다른 가치가 이 세상에 드러나게 되는 것이다. 그래서 〈영혼의 미술관〉에서 알랭 드 보통은 위에서 언급한 예술의 다양한 가치 외에도, 비교적 최근에 주목되고 있는 예술의 "치유적" 가치에 대해서 관심을 가져야 한다고 주장한다.

왜냐하면, 예술가들은 "삶에서 무엇을 주목해야 되는지 탁월하게 알고 있으며" 예술가들의 생각과 감정이 표현된 작품을 보는 것은 관람객으로 하여금 자신의 "정서적 균형"을 위해 필요한 것이 무엇인지 느껴볼 수 있는 좋은 기회가 될 수 있기 때문이다. 즉 예술가가 자신의 생각이나 감정을 얼마나 잘 기술하고 한층 더 보편적인 의미를 지니는 경험으로 전환시킬 수 있느냐에 따라, 관람객들은 직접 고통을 겪지 않고도 예술작품 통해 간접적으로 예술가가 경험하고 표현한 고통과 치유의 효과를 경험할 수 있다는 것이다.

예술작품을 바라보는 관람객이 경험할 수 있는 예술의 치유적 힘에 대해 좀 더 살펴보겠다.

〈영혼의 미술관〉에서 알랭 드 보통이 주장하는 바에 따르면 우리는 예술작업을 관람하면서 자신이 "망각"하고 싶지 않은, 즉 붙잡고 싶은 기억과 느낌을 잡을 수 있고, "우울함"에서 벗어날 힘을 얻을 수 있으며, "슬픔"을 외면하지 않고 우리의 삶의 일부로 받아들일 수도 있다.

또한 예술작품을 보면서 우리는 우리의 "일상의 부분 부분을 새롭게" 바라볼 수 있을 뿐만 아니라, 수많은 작품 중 내가 어떤 작품에 반응하는지에 따라서 내 "정서적 균형"을 위해 필요한 게 무엇인지를 느껴볼 수도 있다.

이처럼 예술작품을 진지하게 바라본다는 것은, 우리가 우리 자신을 "깊이 있게 탐구"할 수 있고 "자신과 이 세계에 대한 이해력을 넓힐 수 있는" 하나의 가능성으로 작동할 수 있다. 이와 같은 맥락에서 켄 윌버(Ken Wilber)[24]는 관람자가 예술작품을 감상하는 것은 "정관(靜觀, contemplation)이라고 하는 중요한 목적을 달성하는 데 도움을 준다"라고 말한 바 있다.

24) 알렉스 그레이, 〈영혼의 미술관〉, p. 14.

2. 예술치료

치유는 영어로 힐링(healing)이다. 힐링은 그리스어 홀로스(holos)에서 유래했으며 이는 건강(health)과 어원이 같다.

예술을 활용한 치유적 맥락으로 현재 발견된 가장 오래된 그림인 선사시대의 동굴벽화로 예를 들 수 있다. 학계는 약 3만 년 전의 고대인들이 그들의 신성한 동굴이라는 공간에 동물의 그림을 그림으로써 그 동물 자체를 자신들의 손아귀에 넣는다는 의미, 혹은 대지라는 어머니의 자궁에서 동물이 많이 태어나 자신들의 환경이 풍요로워지는 것을 기원했을 것으로 본다.[25)]

이처럼 인간은 문명시대 이전부터 장식을 위한 예술적 활동 외에도 예술을 활용하여 주술적 힘, 즉 미래에 다가올 사건들이나 두려움 같은 감정을 조절하기 위해 이미지를 만들어 온 것이다.

〈예술 심리학〉의 저자 위너(Ellen Winner)에 따르면 예술은 인류가 존재하기 시작한 이래로 모든 형태의 인간사회에서 지속적으로 존재해 왔고, 그림을 그리고 노래와 춤을 추는 것과 같은 예술적 실천 행위들은 끊임없이 우리의 삶 속에서 실현되어 왔다. 예를 들어 나바호족은 특정한 병을 치료하기 위해 노래와 춤 그리고 모래 그림을 활용하여 일종의 치료 의식을 치렀

25) Janson, 미술의 역사, 1978, p. 22.

고, 티베트인들 역시 고통에 대한 안정과 치료를 위한 목적으로 만다라의 형태로 모래 그림을 그렸다.

우리나라에서는 치유를 위해 춤과 음악이 있는 굿판을 벌이곤 했고, 미라가 들어 있는 관 위에 보호의 상징, 의식용 가면을 만든 아프리카 조각들, 성상을 만든 비잔틴 화가들, 양피지에 치료적인 문양을 그린 이디오피아 화가들 등 이들 모두가 예술을 치유라는 맥락에서 활용한 예를 대표한다.[26)]

그리고 예쁘다는 이유로 많은 곳에 걸려 있는 드림캐처는 아메리카 원주민들이 '악몽을 걸러주고 좋은 꿈만 꾸게 해 준다'고 믿었던 토속 장신구이다. 이와 같은 예를 통해서 우리는, 시각적인 상징으로 나타난 다양한 예술이 부분적으로는 변형과 치유의 결과라는 것을 알 수 있다.

정신의학에서는 예술의 치유적 힘을 경험적으로 비교적 일찍 알고 활용하고 있었다.[27)] 19세기 초, 정신과 의사 피넬(Pinel P.)은 일상에서 늘 같은 움직임을 반복하는 정신질환자들을 사회로 돌아갈 수 있도록 돕기 위하여 다양한 활동을 해왔는데, 그 중 이들이 기분을 전환할 수 있도록 손을 활용하는 예술 활동을 강조했다고 한다. 그러다 피넬은 정신질환자들이 그림 그리기 활동을 통해 자신의 기분전환이라는 측면을 넘어서 자신의

26) Rubin, 미술치료학 개론, 2006, p. 130.

27) 신승녀, 미술치료 핸드북, 2009, p. 32.

긴장도 조절할 수 있다는 것을 발견하였다. 이처럼 미술 표현이 개인의 내면세계와 관련이 있음을 알게 된 후 예술이 치유의 도구로써 작동할 수 있다는 것이 조금씩 세상에 알려졌으며, 미술은 과학 및 심리학과의 접촉을 하게 되었다.

미술치료는 "개인의 무의식이 상징으로 표현된다"는 것을 규명한 지그문트 프로이트(Sigmund Freud)와 칼 융(Carl Gustav Jung)의 정신분석 이론을 바탕으로 발전해 왔다.

프로이트는 예술적 행위의 무의식적, 비이성적 설명에 대한 심리학적 해석을 제공했고, 미술이라는 심상을 인간을 이해하는 임상적 자료로써 사용했다.

융은 꿈이나 적극적 명상을 통해 스스로 그림이나 글 혹은 춤과 같은 동작으로 자기 자신을 형상화했으며, 이를 통해 자신의 내면을 들여다볼 수 있다고 주장하면서, 미술을 내담자와 치료자 간의 상호 소통과 이해의 자료로써 사용하였다. 또한 융은 "미술의 치료 효과는 스스로 완성한 그림들로부터 유래하지만 효과를 서술하는 것은 어렵다"[28]고 언급했다.

1940년대 미술치료 연구의 선구자라 할 수 있는 나움버그(Margaret Naumburg)는 치료적 관계 형성과 의식 검열을 거치지 않는 자유연상을 중시하며 억압된 것을 이미지를 통하여 표출하는 것이 치료적인 효과뿐만 아니라 상징적인 의사소통

28) Ingrid, R, 융의 분석심리학에 기초한 미술치료, 2000, p. 24.

이라고 주장했다. 이러한 입장에서 그녀는 그림을 매개체로 이용하는 방법을 연구하여 미술심리치료(Art in Therapy)의 입장을 확립했다. 나움버그의 미술치료는 심신의 어려움을 겪고 있는 사람들을 대상으로 하여 그림을 그리게 함으로써, 그들의 그림을 통해 그들의 심리를 진단하고 치료하기 위한 것으로 정의된다.

그리고 1950년대에 등장한 크래머(Edith Kramer)는 예술작품을 만드는 과정에서의 발생하는 치료 효과에 주목하여 치료로써 미술(Art as therapy)의 입장을 제시했다. 그녀에게 있어 미술치료는 예술 활동을 통해 파괴적, 반사회적 등의 에너지를 분출함으로써 부정적인 감정을 감소시키거나 전환시킬 수 있는 승화의 과정까지 포함하여 미술 자체가 치료적이라는 생각에 주안점을 두고 있다.

울만(Ulman)은 미술치료와 치료로써 미술이라는 두 용어를 통합하고자 노력했으며, 1961년 미술치료라는 용어를 확립하여 미술치료 분야의 이론적 토대를 제공하였다, 울만은 미술을 "자신과 세상을 밝히고 그 둘 사이의 관계를 확립하는 수단"이라고 정의하면서, "내부와 외부 세계가 만나는 장소"라고 표현했다. 그리고 치료를 "회기 자체보다 오래 지속하는 성격과 생활에서 좋은 변화가 나타나도록 돕기 위하여 계획된 절차"라고

정의하였다.[29)]

이후, 1969년 미국 미술치료학회가 생기고 1970~80년대 중반부터 미술치료의 광범위한 적용과 개념 수립에 관한 출판이 이어지면서 많은 문헌들이 소개되기 시작하였다.

사회적으로 공인되는 논문의 수가 증가하면서 미술치료학의 전문성이 확보가 되기 시작했고, 이로써 인접 분야의 전문가들에게 인정을 받으며 미술치료는 성장하였다. 그 후로 미술치료의 창의적 표현은 치유로 가는 과정에 강력한 기여를 할 수 있다는 생각은 다양한 문화권에서 받아들여졌다.[30)]

우리나라의 미술치료는 정신과 의사들이 주축인 한국임상예술학회(1982년)와 한국미술치료학회(1992년), 한국표현예술심리치료협회(1999년), 세 단체를 중심으로 보급 확대되었다. 이들 단체는 미술치유사 양성, 학술지 발간, 학술대회, 국제교류, 임상을 위한 부설 연구소 운영 등의 활동을 한다. 그리고 최근 통합의학에서 예술은 명상과 함께 인간의 마음을 치유하는 주요한 방법으로 활용되고 있으며, 이러한 현실을 반영한 명지병원은 우리나라 최초로 예술치유센터를 병원 내에 개설(2011년)하여 환자들의 치료회복과 지역사회 건강을 위해 예술을 활용하고 있다.

---

29) Rubin, 미술치료학 개론, 2006, p. 93.

30) Heather, 2010, p. 255.

예술과 치유에 대해 알려진 것이 무엇인지 확인하기 위해 북미 및 유럽 국가에서 수행된 예술 표현활동의 연구현황을 검토한 헤더(Heather, 2010)는 치유를 촉진하기 위해 예술을 사용하는데 음악, 시각예술, 움직임 기반의 표현, 글쓰기라는 4가지 영역에서 긍정적인 결과가 있다고 분석했다. 그리고 헤더는 예술치료가 "슬픔을 표현"하고 "감정을 상징적인 방식으로 표현할 수 있음으로써" "고통과 부정적인 감정의 감소 및 긍정적인 감정의 증가" 그리고 "스트레스와 불안을 감소" 시켰다는 것을 정리하였다.

하지만 연구가 이처럼 다양하게 진행됐지만 "예술의 표현활동이 어떠한 과정으로 치유적 효과를 내는지는 설명하지 못했다"고 헤더는 언급하며, "예술치료를 통해 연구의 참여자들이 무엇을 경험했는지 살펴보는 경험적인 연구는 거의 없었다"고 지적한다.

우리나라에서도 예술치료와 관련된 연구들은 특정 프로그램이 특정 대상으로 행해졌을 때, 그 효과가 어떻게 나왔다는 연구들이 주를 이루었다. 이 같은 연구들을 통해 예술의 치유적 효과에 대한 과학적인 검증은 되었지만, 예술이 가지는 치유력이 무엇이며, 어떻게 그러한 치유력을 가질 수 있는지, 또한 예술의 치유 활동의 과정은 어떻게 진행되는지 등에 대한 것은 찾아보기 어려웠다.

예술치료의 다양한 이론서에서는 예술의 치유적 힘에 대해서 다음과 같이 얘기한다. 예술은 언어로 설명하기 어려운 감정이나 생각을 안전하게 표현하는 데 효과적이며, 억눌린 자신의 감정을 예술을 통해 표현을 함으로써 해소나 승화 그리고 이완됨을 경험할 수 있다. 그리고 복잡한 내면의 표현이 작품을 통해 정돈되면서 본인의 경험이나 감정을 한 발짝 떨어져서 볼 수 있고, 이는 자신에 대한 이해나 통찰로 이어질 수 있으며, 완성된 작품은 타인과 소통을 중재할 수 있는 매개체가 될 수 있다.

하지만 이러한 것은 개념으로 압축된 표현으로써 예술을 경험해보지 않은 사람은 단지 자신과는 관련 없는 혹은 다른 나라 얘기인 것 마냥 머리로만 이해하게 되는 한계를 지닌다. 즉, 직접적인 내용을 살펴볼 수 있는 사례가 부족하기 때문에, 이와 관련해서 예술치료에 대해 잘 알지 못하는 많은 사람은 드럼을 치고, 그림을 그리고, 춤을 추고, 글을 쓰는 예술적 행위가 어떻게 치료에 도움이 되는지 이해가 되지 않는다고 말한다. 아마도 이는 예술적 경험을 해보지 않았기 때문에 생기는 한계와 미적인 영역으로 간주되는 예술이 어떻게 치료적으로 가능할 수 있는지 설득력 있게 설명할 수 있는 이론적 설명이 부족하기 때문일 것이다.

3. 예술가의 표현과 치유

미국이나 영국에서 미술치료의 역사를 언급할 때 1940년대를 독립된 미술치료 분야의 시작으로 본다. 하지만 예술의 역사적인 흐름도 분명히 미술치료의 태동에 영향을 미쳤을 것이다. 대표적으로 20세기 미술에 나타났던 표현주의를 들 수 있다.

19세기에 사진의 발명으로 인해 화가들은 현실을 똑같이 재현하는 그림에 더 이상 과거와 같은 의미를 찾을 수가 없었다. 그래서 현대 미술에 와서는 점차 정신과 본질을 중요시하는 자아의 표현, 즉 내면세계에 대한 주제가 부각이 되었고, 화가들은 점차 자신이 주관적으로 보고 느껴지는 대로, 내적인 표현으로써 그림을 그리기 시작했다.

이러한 그림들은 표현주의라는 사조로 묶이기 시작했는데, 이와 관련해서 E. H 곰브리치(Ernst Gombrich)는 "표현주의자들은 솔직한 감정만을 중요시할 뿐 타인이 자신의 그림을 어떻게 보는가는 문제 삼지 않았다"는 의견을 제시했다. 그리고 '내면의 표현'이라는 표현주의의 정신은 미술치료에 직접적으로 영향을 주게 된다. 또한 초현실주의 화가들은 프로이트에 영향을 받으며 자신의 무의식을 탐구하고 표현하고자 하였다.

앞에서 살펴본 치료로써 미술(Art as therapy)과 예술가의 예술작업의 근본적인 차이점은 결과물, 즉 예술작품이다. 왜냐하면, 예술가가 아무리 예술작업을 통해 치유를 경험했다고 언급을 하더라도, 예술가는 예술작품을 만들기 위해 예술작업을 시작했기 때문이다.

예술가들은 인간 존재와 세계를 경험하고 관찰하며 자신이 사용하는 매체를 통해서 자신의 '사상이나 감정'을 표현하는 사람들이다. 예술가들은 어쩔 수 없이 자신이 살고 있는 사회문화와 환경에서 자신이 경험한 삶의 주제나 철학적 의문들로 작품을 만들 수밖에 없기에, 어떤 작가들은 자신의 삶의 이야기가 직접적인 동기나 주제가 되어 작품을 만들게 된다.

그래서 '예술가의 삶' 자체가 예술이 되고, 그렇게 진정성 있는 예술 행위를 통해 자신을 스스로 치유해 나가는 예술가들이 있다. 세계적으로 유명한 루이즈 부르주아, 니키 드 생팔, 구사마 야오이, 뭉크 등이 그러한 경우이다. 이들은 자신이 삶에서 경험한 상처 혹은 트라우마나 우울을 예술작업으로써 다루었다.

루이즈 부르주아(Louise Bourgeois, 1911~2010)는 99세에 사망하기까지 다양한 오브제와 작업 방식으로 활발한 작품 활동을 전개해 나갔다. 예술계는 20세기에서 21세기로 이동하는 과정에서 여러 사조의 영향을 받으며 변화를 거쳐 왔지만, 부르주아는 하나의 화풍이나 미술사조에 얽매이지 않고 독자적인 예술의 길을 걸어왔다. 그리고 그녀는 드로잉과 조형 작품을 통해 고백적인 자기표현을 해 나갔고 많은 대중 매체와의 인터뷰에서 자신이 예술작업을 통해 스스로 치유해 나갔다고 술

회하였다.

부르주아는 어린 시절 10년 동안 친언니 같이 지낸 가정교사가 아버지의 정부였다는 사실과 이를 묵인하는 어머니, 언니의 문란한 성생활과 남동생의 폭력성을 겪으며 계속해서 상처를 받으며 지냈고 한다. 그리고 부르주아는 아버지에게 자신의 병을 숨기고 쓸쓸히 죽음을 맞이하신 어머니를 보고, 너무 고통스러워 강물에 뛰어들어 자살을 시도했지만 자신이 증오하는 아버지에게 구해져 목숨을 이어나가게 된다.

이러한 배경에서 부르주아는 얘기한다. “나의 작업은 카타르시스이며 내 정화이다. 나는 내가 경험한 상처, 증오, 고민을 (예술로써) 표현하고자 한다.” “예술은 정신적 온전함을 보증하는 것이다. 예술은 정신적 외상(trauma)의 경험이거나 재경험이다.” 이 같은 부르주아의 이야기는 자신의 작품은 자신의 트라우마를 나타내는 것이고, 꾸준히 이어온 작업 활동으로 자신은 정신적으로 온전할 수 있었다고 고백하는 것이다.

니키 드 생팔(Niki De Saint Phalle, 1930-2002)은 프랑스 조각가로 뚱뚱하거나 임신한 여체를 밝고 명랑하게 표현한 〈나나〉 시리즈로 유명하다. 하지만 그녀가 미술을 시작하게 된 계기는 밝지 않다. 22세 때 우울증과 신경쇠약으로 치료받으면서 미술을 접하게 된 그녀는 독학으로 미술을 공부하기 시작했다. 1990년대 초반, 그녀는 칼, 도끼 등 날카로운 도구들을 활용한 작업을 많이 했고, 비슷한 시기에 일명 ‘슈팅 페인팅’으로 미술계의 주목을 받기 시작한다. 슈팅 페인팅이란 물감이 담긴 총으로 캔버스에 설치되어있는 각종 오브제를 쏘아 맞추어 작품을 완성시키는 방법이다. 공격성과 파괴 에너지를 방출하는 그녀의 작품 배경에는, 10대 초반 아버지에게 당한 성폭행과 연관이 있었다.[31)]

니키 드 생팔이 "내 작품은 언제나 내 문제를 표현한 후 그것을 극복하는 방식이었다"라고 얘기하는 것처럼 유년기의 분노와 무력함을 적극적인 공격성으로 표출하며 치유의 과정을 거친 것으로 이해된다.

구사마 야요이(Kusama Yayoi)는 강박 신경증이라는 정신질환을 작품으로 승화시켜 미술의 치유력을 극대화한 예술가로 알려져 있다. 그녀는 유복한 가정에서 태어났지만, 아버지의 잦은 외도 때문에 어머니는 신경증적 증상을 가지게 되었고 구사마에게 집착하여 심한 구박과 질책 등 온갖 학대를 한 것으로 알려져 있다.

그러던 어느 날 그녀는 빨간 꽃무늬 식탁보를 보게 되고, 눈에 남은 잔상이 온 집안에 퍼져서 보이는 경험을 하게 되면서 자신의 환영을 가지고 계속해서 그림을 그리게 된다. 예술대학에 입학한 그녀는 1952년 23살의 나이로 첫 개인전을 했을 때, 자신이 정신질환이 있다는 것을 정신의학 의사인 니시마루 시호

---

31) 니키 드 생팔은 자신의 자서전 〈나의 비밀〉에서 이 사실을 밝혔다.

박사를 통해 알게 된다. 그리고 그녀는 니시마루 박사의 후원을 얻어 계속해서 자신의 환영을 밖으로 끄집어냈으며, 48세부터 현재까지 정신병원에 입원한 상태에서, 병원 안에 구사마 스튜디오를 만들어 작품 활동을 진행하고 있다고 한다.

독일 표현주의에 중요한 영감을 제공한 뭉크(Edvard Munch)는 회화, 에칭, 석판화, 목판화 등을 제작하여 타의 추종을 불허하는 독창성으로 현대인의 고뇌를 표현해 내었다.

그는 우울하고 사색적인 성격의 아웃사이더였으며, 자신의 고통스러운 유년 시절에 대해 "질병, 광기, 그리고 죽음, 이것이 나의 요람을 지키는 암흑의 천사였다"라고 하였다.

요양원에서 우울증 치료를 받던 중 뭉크는 자신의 정신병이 그림을 그리는데 촉매작용을 하고 있음을 깨닫고, "난 병이 치유되기를 원하지 않는다. 나의 예술에는 그것이 필요하기 때문이다"라고 하였다.

지금까지 살펴본 예술가들의 사례는 자신의 심리적인 이슈나 트라우마, 우울 등을 예술작업으로 표현하였으며 스스로 치유를 하고 있다고 언급한 사례들이다. 하지만 예술작업을 통해 어떤 과정을 경험했기에 이들이 치유를 체감했다는 것인지는 여전히 알 수는 없다. 이러한 상황에서 예술이 치유와 관련 있다는 얘기는 나에게 마치 물을 많이 마시면 건강해진다는 식의 논리처럼 다가온다.[32] 그럼 누구나 그림을 그리면 치유적인 경험을 할 수 있을까? 문제는 그렇게 단순하지 않았다.

크레이머(Kramer, 2007)는 "넓은 의미로 볼 때 모든 미술은 치료적이다"라고 주장하였다. 나는 이 말에 동의하지만 미술이 치료적이라는 표현을 넘어서 치료라고 확언하는 사람들도 있다. 예를 들어 세계적으로 유명한 예술가 요셉 보이스(Joseph Beuys, 1921-1986)는 "예술이 바로 치료이다"라고 말하며 예술과 치료와의 상관관계를 통하여 그 둘의 연계성을 강조했다. 하지만 세상의 무엇도 한 가지 면만 있지 않듯이, 예술이 모든 사람을 치유의 길로 인도하는 것은 아니다.

예술작업을 누구보다도 진솔하게 했고, 사회적으로 인정도 받았던 버지니아 울프(Virginia Woolf, 1882~1941)나 마크 로스코(Mark Rothko, 1903~1970) 같은 예술가들은 결국 스스로 생을 마무리하는 선택을 하였다.

---

32) 한때 물을 많이 마시는 것이 권장되어 졌지만, 이것은 사람마다 다르다(네이버 뉴스, 물은 만병통치약이 아니다).

4. 서태경, 오원주가 경험한 예술작업의 특징

이 책을 통해 우리는 자신의 이야기로 진술하게 예술작업을 해온 예술가들의 작업과정을 살펴보았다. 나는 이들이 경험한 예술작업 과정을 분석하여 예술작업의 치유적 과정과 맥락을 제시하였다. 이러한 내용을 바탕으로 심리상담과 다른 예술작업의 특징을 간략하게 살펴보겠다.

심리상담과 다른 예술작업의 특징으로는 첫째, 의도하지 않았다는 것, 둘째, 직면과 탐색 그리고 전환이라는 치유의 과정을 혼자서 진행한다는 것, 셋째, 시간이 오래 걸린다는 점, 넷째, 매체를 다룰 수 있는 능력과 치유와의 관련성에 대해 생각해보고자 한다.

첫째, 이 책에 참여한 예술가들은 '의도하진 않았지만' 심리상담이나 예술치료처럼 '치유의 과정'을 경험하고 있다는 것으로 밝혀졌다.

심리상담은 삶에서 불편을 느끼거나 자신의 문제를 인식한 내담자가 직접 상담실로 찾아가거나 주위의 권유를 받음으로써 심리상담을 시작하게 된다. 즉 내담자는 일상 속에서 불편감을 경험하고 있으며, 자신이 경험하는 문제에 대한 해결 의지나 필요성을 인식한 사람으로서, 많은 경우 자발성을 가지고 심리상담에 찾아간다. 그리고 심리상담을 통해 자신의 이슈를 다양하게 탐색해 나가면서, 이전에는 인식하지 못했던 자신의 모습을 직면하게 되고, 자기 자신과 자신의 문제 그리고 자신이 경험하는 상황 등에 대한 이해가 깊어지면서, 점차 변화를 위한 노력을 하게 된다.

하지만 이 책에 참여한 예술가들은 예술작업을 통해 자신의 심리적인 이슈를 다루게 될지는 꿈에도 몰랐다. 이들은 단지 예술이 좋고 자신만의 예술작품을 만들고 싶어서 예술작업을 시작한 경우이지만, 오랜 시간 많은 작품 활동을 해왔기에 작업 안에서 '반복되는 이야기'를 발견할 수 있었고 자신의 삶의 이슈를 직면하게 되었다. 그리고 자신이 인식한 심리적 이슈를 피하지 않고 정면으로 바라보고자 했다.

이러한 과정은 절대 쉽지 않다. 탐색의 과정에서 오원주는 사진을 셀렉할 때, 뇌는 살기 위해 자동으로 "사진을 보지 말라고, 도망가라고" 오원주에게 구토라는 신호를 보내고 있었다. 이러한 예술가의 경우, 예술작업하는 것 자체가 고통스럽지만 멈추지 않고 계속해서 예술작업을 통해 자신의 이슈를 탐색해 나감으로써, 결국 삶에 대한 태도와 작업에 '변화'를 경험할 수 있었다.

예를 들어 서태경은 삶의 고통에 집중하던 예술작업이, 삶의 "환희"나 "에너지"를 그리는 것으로 바뀌었다. 오원주는 자신이 경험한 가정폭력과 자신이 겪었던 부정적인 감정을 표현하던 예술작업이, 점차 "사랑"에 주목하여 작업하는 것으로 변화하였다. 조세미는 자신이 관계에서 겪는 경험과 불안은 예술작업을 통해 "충분히 할 만큼" 다루고 난 뒤, 자신의 연약한 감정을 "인정"하고 "대면하며" 계속해서 "인간이 경험하는 감정"에 대해 탐구하고 있다. 서보형은 일상에서 자신에게 남는 감정이나 경험들을 예술작업으로 다루어나감으로써 자신이 경험하는 삶에 대한 "이해"를 넓혀가고 있었다.

이처럼 예술가들의 진솔한 예술작업은 예술가들을 치유의 과정으로 이끌었다.

두 번째로 살펴볼 것은 상담실에 찾아간 내담자는 '상담자와 함께' 자신의 이슈를 다루어 나간다는 것이다.

내담자는 상담자에게 반영, 공감, 위로, 질문, 직면, 해석 등의 피드백을 받지만, 예술가들은 자신의 이슈를 직면하고, 탐색하는 치유의 과정을 지독히 "혼자서" 경험하고 있다. 자신의 이슈를 혼자 다루어나가는 것과 전문가와 함께 다루어나가는 것에 대해 많은 측면을 이야기할 수 있겠지만, 여기선 '안전'의 측면에 관해서 이야기해보고자 한다.

심리상담에서는 감정을 특히 중요하게 다루는데, 감정은 우리가 일상생활 속에서 지속적으로 경험하고 있지만 마음대로 컨트롤할 수 없다는 특징을 가지고 있다. 그래서 사람들은 삶에서 스스로 감당하기 어려운 감정을 경험하게 되면, 많은 경우, 감정을 회피하기 위해 술이나 게임 등 다양한 방법을 찾아 나서거나 무의식적으로 감정을 억압하기 시작한다.

하지만 완결되지 않고 해소되지 않은 감정은 점차 스트레스로 경험되며, 이러한 스트레스는 만병의 근원으로 고통의 원인이 된다. 그래서 심리상담에 찾아온 내담자는 상담사와 함께 자신에게 묶여있던 감정들을 인식하고, 안전하게 표현함으로써 일차적으로 감정을 덜어내는 과정을 겪는다. 그리고 내담자는 상담사와 함께 자신의 감정을 한 발짝 떨어져서 바라봄으로써 다양한 측면에서 자신의 감정의 의미와 이유 그리고 감정의 타당성 등을 살펴볼 수 있게 된다.

이러한 과정이 충분히 진행된다면, 내가 겪었던 감정은 어느 정도 이해되거나 완결되어, 지금까지 무의식적으로 휘둘리고 묶여있던 자신의 '패턴'에서 벗어날 수 있는 가능성이 생기게 된다. 또한, 이와 같은 감정을 다시 일상에서 겪게 된다면 그땐 어떻게 하면 좋을지, 상담사와 함께 다양한 대안을 찾아볼 수도 있다.

특히 트라우마 치료에서는 안전을 제일 중요한 요소로 보고 있으며, 내담자가 재 트라우마를 겪지 않도록 보호하기 위해서 일반 상담보다 더 많은 안전장치를 고려한다. 그래서 트라우마 치료에서는 내담자가 경험한 과거의 트라우마를 살펴보기 전에 내담자의 경험을 매우 세세한 단계로 쪼개어 심리상담을 진행한다. 트라우마 치료에서의 내담자는 자신의 경험을 상담자에게 얘기하면서, 부정적인 감각이나 감정이 느껴질 때, 상담자의 안내에 따라 자신의 신체 감각에 주위를 두며 이완에 집중하는 연습 등을 한다. 이러한 과정을 통해 내담자는 일상 속에서 자신의 트라우마가 수면 위로 떠오르더라도, 점차 평정심을 유지할 수 있는 힘을 갖게 되는 것이다.

하지만 이 책에서 다룬 예술가들은 어떠한 안전장치도 없이 "괴롭거나" 감정적으로 "겁나는" 느낌이 들더라도, 자신의 뿌리 깊은 상처나 트라우마를 정면으로 마주하며, 지독히 "혼자서" 예술작업을 하고 있었다. 그래서 예술작업을 통해 자신이 경험했던 과거의 감정에 접촉한 예술가들은, 일상에서 자신의 상처와 감정에서 헤어 나오지 못할 때, "자해"를 하거나 구토를 하는 경우가 있었고 관계에서 심리적인 "폭력"을 행사하게 되는 경우도 있었다.

이와 관련해서 체험적 심리치료[33]에서는 자신의 느낌에 주의를 기울이는 연습을 함으로써 자신의 감정에 접촉할 수 있고, 자신의 감정을 알아차리고 감정에 이름을 붙임으로써 "적응적인 방향"으로 갈 수 있다고 언급한다. 하지만 자신의 감정을 알아차리지 못하고 이름을 붙이지 못함으로써 감정에 매몰될 경우, "자기몰입"[34]에 빠지게 되어 "부적응적인 방향"으로도 갈 수 있다고 주의한다. 즉 예술가들이 예술작업을 하면서 자신이

33) 인간중심의 '경험', 게슈탈트 치료의 '접촉' 등

34) 자기초점적 주의란 '정신병리'와 '정신건강'에 기여하는 성향이다. 정신병리는 자신의 특정 측면에 주의를 과도하게 기울이면서 다른 측면이나 외부로는 주의를 쉽게 돌리기 어려운 성향이다. 이에 반에 정신건강에 긍정적으로 기여하는 자기초점적 주의는, 자신에게 주의를 많이 기울이면서도 특정 측면에 주의가 점유되지 않으면서, 자신의 다른 측면이나 외부로 쉽게 주의를 돌릴 수 있는 성향이다(이지영, 정서 조절 코칭북, 2017, pp. 240-241).

과거에 받았던 상처나 부정적인 감정에 접촉할 때, 감정에서 빠져나올 수 있는 안전장치가 없을 경우, 자칫 감정에 매몰되어 재 트라우마를 겪을 가능성이 다분할 수 있다.

하지만 경험되어야 할 것은 충분히 경험되어야 한다는 관점으로 장기적인 시각에서 봤을 땐, 예술가들이 경험하는 고통을 이들의 힘으로도 볼 수 있겠다.

셋째, 일반 심리상담에선 상담자와 내담자가 하나의 이슈에 초점을 맞춤으로써 비교적 빠른 시간 안에 치유적인 효과를 경험하게 된다. 하지만 이 책에 참여한 예술가들은 예술작업을 통해 의도치 않게 자신의 심리적 이슈를 다루기 시작한 경우로써, 예술작업을 꽤 오랜 시간 지속한 후에야 치유적인 맥락과 효과를 경험하고 인지하게 되었다.

그런데 예술가들이 경험하는 치유의 과정이 오랜 시간이 걸리는 만큼 예술가들이 경험하는 고통의 시간은 길지만, 어찌 보면 이러한 고통의 시간이 예술가들에겐 '축복'일 수도 있다. 왜냐하면 상담이나 예술치료와 달리 예술가들은 치유를 목적으로 예술작업을 시작한 것이 아니라, 자신만의 고유한 예술작품을 만들기 위해 예술작업을 하고 있기 때문이다. 이러한 맥락에서 뭉크(Edvard Munch)는 자신이 "치유되지 않기를 바랬다."

또한, 우리는 세계적인 화가 반 고흐(Vincent van Gogh)의 삶이 행복과는 거리가 멀다는 것을 안다. 고흐의 실질적인 삶은 지독히 고통스러웠지만, 그가 고통 속에서 진심으로 표현한 작품들은 보는 이의 마음을 움직였고, 사후에 그 가치가 인정되어 지금은 세계 최고의 화가 중 하나로 손꼽히고 있다.[35] 하지만 '만약 반 고흐의 삶이 평안하고 행복했다면 우리가 알고 있는 그런 작품이 세상에 나올 수 있었을까?'라는 의문이 든다.

네 번째로 살펴볼 것은 미술치료에선 그림을 그리는 실력보단 내담자의 '내면의 표현'을 중시한다는 것이다.[36] 미술치료에서는 내담자에게 즉흥적으로 재료를 고르게 하거나, 상담사의 의도에 따라 내담자에게 재료를 제시함으로써 미술치료를 시작한다. 그리고 그려진 그림에 내담자의 무의식이 담겨있다는 가정을 가지고,[37] 상담사는 완성된 내담자의 작품을 보며 내담자에게 '무엇이 표현된 것 같은지'를 물어볼 수 있고, '자신이 느끼는 것'을 내담자에게 전할 수 있다.

그런데 이 책에서 드러난 예술가의 예술작업이라는 과정은 자신이 사용하는 매체에 익숙해져 있고, 자신의 표현을 마음껏 시도해볼 수 있는 전문적인 기술이 있기에 예술작업에 다양하고도 많은 내용을 담을 수 있었던 것으로 해석된다. 그래서 예술가들의 예술작품엔 예술가들의 생각이나 감정뿐만 아니라 상처나 무의식 등이 다양하게 담길 수 있었다. 즉 이들은 자신

---

35) 반 고흐는 생전에 그림 1500여 점의 유화 중에서 유일하게 "아를의 붉은 포도밭", 단 한 점만 팔 수 있었다.

36) 미술치료가 미술기교 또는 기술을 포함하고 있기는 하지만, 보다 강조하려는 것은 개인의 '내면'에서 나오는 이미지를 표현하고 발달시키고자 하는 것이다(Cathy, 미술치료, 2000, p. 15).

37) 프로이트(Freud, S)에 따르면 미술은 무의식을 표현할 수 있는 좋은 매개체가 된다.

을 충분히 표현할 수 있는 '기술'이 있었기에 자기 자신을 다양하게 표현하고 탐색할 수 있었던 것이다.

인간중심 상담을 주장한 로저스(C, Rogers)는 "결국, 인간에게 필요한 것은 사랑과 관심 그리고 자신이 이해받는 경험"이라고 하며 이러한 필요충분조건이 충족될 때 스스로 성장해 나갈 수 있다고 보았다. 그래서 로저스는 내담자를 만날 때 상담자가 자신의 틀에서 내담자를 이해하려는, 어떻게 보면 지극히 자연스러운 프로세스를 잠시 멈추고 내담자의 경험세계, 즉 내담자의 내적 참조들을 따라가야 한다고 주장한다. 왜냐하면, 자기 자신을 제일 잘 아는 것은 내담자 자신이기 때문에 상담자는 그저 내담자가 자신의 경험 속으로 충분히 들어갈 수 있도록 돕는 조력자여야 한다는 것이다.

이러한 맥락에서 예술가들은 예술작업을 통해 스스로 자신의 과거 경험 속으로 깊이 들어갔고, 감정에 접촉하여, 과거에 충분히 하지 못했던 감정이나 생각 또는 폭력성을 예술작업으로 표출했다. 그리고 완성한 예술작품을 보면서 예술가들은 스스로 자기 자신에 대한 새로운 질문을 할 수 있었고, 이를 통해 자신이 기존에 가지고 있었던 생각이나 관점이 "전환"되었다.

참 고 문 헌

김춘경, 이수연, 이윤주, 정종진, 최웅용. (2016). 상담학 사전. 학지사.

노안영. (2005). 상담심리학의 이론과 실제. 학지사.

신승녀. (2009). 미술치료 핸드북. 창지사.

심귀연. (2021). 취향 : 만들어진 끌림. 은행나무.

월간미술. (1999). 세계미술용어사전. 월간미술.

이정규. (2020). 카타르시스와 승화를 내포한 자기 독백적 회화연구 : '규도피아' 작품 중심으로. 배제대학교 대학원 미술학과 미술전공 석사학위논문.

이지영. (2017). 정서 조절 코칭북 : 내 감정의 주인이 되어라 (개정판). 피와이메이트.

조용환. (2012a). 질적 연구: 방법과 사례. 서울: 교육과학사

____. (2012b). 교육인류학과 질적 연구. 교육인류학연구, 15(2), 1-22.

Alain, D. B, Armstrong, J. (2013). 영혼의 미술관. (김한영 역). 문학동네.

Alex, G. (2004). 영혼의 거울. (유기천 역). 정신세계사

Cathy, A. M. (2000). 미술치료. (최재영 역). 조형교육.

Gombrich, E. H. (1987). 서양미술사. (최민 역). 열화당.

Heather, L. S, Jeremy N. (2010). The Connection Beetween Art, Healing, and Public Health: A Review of Current Literature, American Journal of Public Health, February, Vol. 100, No. 2

Ingrid, R. (2000). 융의 분석심리학에 기초한 미술치료. (정여주 역). 학지사.

Janson, H. W. (1978). 미술의 역사. (김윤수 외 역). 삼성출판사.

Joyce, J. (2001). 젊은 예술가의 초상. (이상옥 역). 민음사.

Kramer, E. (2007). 치료로서의 미술. (김현희, 이동영 역). 시그마프레스.

Manen, V. (1994). 체험연구 : 해석학적 현상학의 인간과학 연구방법론. (신경림, 안규남 역). 동녘.

초판 1 쇄 _ **2022년 5월 14일**
지 은 이 _ 한기현
펴 낸 이 _ 김현태
디 자 인 _ 디자이너 장창호
펴 낸 곳 _ 따스한 이야기
등 록 _ No. 305-2011-000035
전 화 _ 070-8699-8765
팩 스 _ 02- 6020-8765
이 메 일 _ jhyuntae512@hanmail.net

따스한 이야기 페이스북, 인스타그램
https://www.facebook.com/touchingstorypublisher
https://www.instagram.com/touchingstory512

따스한 이야기는 출판을 원하는 분들의 좋은 원고를 기다리고 있습니다.

가격 14,000원